DE RIKA SMAKERNA AV OMAN

100 recept som firar de autentiska smakerna av omansk mat

ELLA HOLM

Copyright Material ©2023

Alla rättigheter förbehållna

Ingen del av denna bok får användas eller överföras i någon form eller på något sätt utan korrekt skriftligt medgivande från utgivaren och upphovsrättsinnehavaren, förutom korta citat som används i en recension. Den här boken bör inte betraktas som en ersättning för medicinsk, juridisk eller annan professionell rådgivning.

INNEHÅLLSFÖRTECKNING

INNEHÅLLSFÖRTECKNING 3
INLEDNING 6
FRUKOST 7
   1. Omanskt bröd (Khubz Ragag) 8
   2. Omansk Chebab (pannkakor) 10
   3. Oman Shakshuka 12
   4. Oman Laban (yoghurt) med datum 14
   5. Omansk brödomelett 16
   6. Oman Khabeesa 18
   7. Yoghurt och dadlar Smoothie 20
   8. Omansk sardin och potatishash 22
   9. Oman Full Medames 24
   10. Omansk ost Paratha 26
   11. Oman Maldouf FlatBröd 28
SNACK OCH APPETITSER 30
   12. Assorterad dadelbricka 31
   13. Omansk foul 33
   14. Samosa 35
   15. Oman Khubz (Flatbread) Chips 38
   16. Omanska dadlar med mandel 40
   17. Omanska fyllda vinblad (Warak Enab) 42
   18. Oman Lahm Bi Ajeen (Köttpajer) 44
   19. Oman Falafel 46
   20. Oman Spenat Fatayer 48
   21. Oman Grilled Halloumi 50
HUVUDRÄTT 52
   22. Omansk havresoppa (Shorba) 53
   23. Qabuli (Afghansk Rice Pilaf) 55
   24. Oman Traditional Mashuai 57
   25. Mandi ris med kyckling 59
   26. Majboos (omanskt kryddat ris med kyckling) 61
   27. Traditionella kycklingharar i en kruka 63
   28. Omanska fiskharar 65
   29. Kycklingshawarma 67
   30. Oman Shuwa 70
   31. Oman Mishkak 73
   32. Kyckling Kabsa 75
   33. Oman Arsia 78
   34. Oman Chicken Biryani 81
   35. Omansk fiskcurry (Saloonat Samak) 84
   36. Oman Lamb Kabsa 86
   37. Oman Vegetable Saloona 88
   38. Oman Lamb Mandi 90
   39. Oman Lamb Kabuli 92

40. Omansk Kofta med Zucchinisås ... 94
41. Madrouba ... 96
42. Kyckling med lök och kardemumma ris ... 99
43. Nötköttbullar med Favabönor och citron ... 102
44. Lammköttbullar med berberis, yoghurt och örter ... 105
45. Kornrisotto med marinerad fetaost ... 108
46. Stekt kyckling med clementiner ... 110
47. Mejadra ... 112
48. Couscous med tomat och lök ... 115

SOPPA ... **117**
49. Rostad morotssoppa med Dukkah Spice ... 118
50. Marak Samak (Omansk fisksoppa) ... 121
51. Shorbat Adas (omansk linssoppa) ... 123
52. Shorbat Khodar (omansk grönsakssoppa) ... 125
53. Lime Kycklingsoppa ... 127
54. Harira (omansk kryddad kikärtssoppa) ... 129
55. Shorbat Hab (omansk lins- och kornsoppa) ... 131
56. Oman Green Green Shurbah ... 133
57. Omansk tomatfisksoppa ... 135
58. Omani-Balochi citronfiskcurry (Paplo) ... 137
59. Vattenkrasse och kikärtssoppa med rosenvatten ... 139
60. Varm yoghurt och kornsoppa ... 141

SALLAD ... **143**
61. Omansk skaldjurssallad ... 144
62. Omansk tomat- och gurksallad ... 146
63. Omansk spenat och granatäppelsallad ... 148
64. Omansk kikärtssallad (Salatat Hummus) ... 150
65. Omansk Tabbouleh-sallad ... 152
66. Omansk Fattoush-sallad ... 154
67. Omansk blomkål, bönor och rissallad ... 156
68. Omansk dadel- och valnötssallad ... 158
69. Omansk morot och apelsinsallad ... 160
70. Omansk Quinoasallad ... 162
71. Omansk rödbets- och yoghurtsallad ... 164
72. Omansk kålsallad ... 166
73. Omansk linssallad (Salatat-annonser) ... 168

DESSERT ... **170**
74. Oman Rose Water Pudding (Mahalabiya) ... 171
75. Oman Halwa (Sweet Jelly Dessert) ... 173
76. Oman Mushaltat ... 175
77. Omansk dadelkaka ... 178
78. Oman Qamar al-Din Pudding ... 180
79. Kardemumma Rispudding ... 182
80. Oman Luqaimat (Sweet Dumplings) ... 184
81. Oman Rose Cookies (Qurabiya) ... 186
82. Omansk banan- och dadeltårta ... 188

83. OMANSK SAFFRANSGLASS ... 190
84. OMAN CREAM CARAMEL (MUHALLABIA) ... 192
DRYCK ... **194**
85. KASHMIR KAHWA ... 195
86. OMAN SHERBAT ... 197
87. OMAN MINT LEMONADE (LIMON W NANA) ... 199
88. OMAN SAHLAB ... 201
89. OMAN TAMARIND JUICE (TAMAR HINDI) ... 203
90. OMAN ROSEWATER LEMONADE ... 205
91. OMAN JALLAB ... 207
92. OMANSK SAFFRANSMJÖLK (HALEEB AL-ZA'FRAN) ... 209
93. OMAN BANANA DATE SMOOTHIE ... 211
94. OMANSK GRANATÄPPLE MOCKTAIL ... 213
95. OMANSK SAFFRAN LEMONADE ... 215
96. OMAN CINNAMON DATE SHAKE ... 217
97. OMANSK KOKOSNÖTSKARDEMUMMASHAKE ... 219
98. OMAN MINTY GREEN TEA ... 221
99. OMAN ORANGE BLOSSOM ICED TEA ... 223
100. OMANSK GRANATÄPPLE MINT COOLER ... 225
SLUTSATS ... **227**

INTRODUKTION

Följ med oss på en anmärkningsvärd resa genom sidorna av "De rika smakerna av oman", en kulinarisk odyssé som lockar dig att utforska och njuta av de autentiska smakerna av det omanska köket. Den här kokboken står som en hyllning till sultanatets rika gobeläng av smaker, en levande mosaik som väver samman de olika kulinariska traditionerna som ekar genom århundradena.

Blunda och föreställ dig de livliga soukene, hjärtslagen för den omanska kulinariska kulturen. Föreställ dig de aromatiska kryddmarknaderna där dofter dansar genom luften och lockar dina sinnen med löften om intrikata kryddblandningar som har hyllats i generationer. Föreställ dig familjeköken, där alkemin med omansk matlagning utspelar sig - ett heligt utrymme där matens konstnärskap förs i arv genom tiden, generation till generation.

På sidorna i den här kokboken fungerar varje recept som ett levande bevis på de djupt rotade traditioner som fyller varje maträtt med en berättelse. Det är en historia om arv, en hyllning till samhället och en hyllning till den djupa kärlek som går till att skapa varje smakrik tugga. Smakerna i Oman är mer än en smakupplevelse; de är ett utforskande av kulturell rikedom, en resa in i hjärtat av en nation berättad genom dess kulinariska skapelser.

Från de distinkta aromerna av omanska kryddor som transporterar dig till de livliga marknaderna, till den konstiga presentationen av traditionella rätter som berättar om sammankomster och gemensamma måltider, denna kokbok överträffar det vanliga. Det är inte bara en sammanställning av recept; det är en uppslukande kulturell utforskning, en resa in i själen i omanska kök. Oavsett om du är en erfaren kock som vill utöka din repertoar eller en nyfiken nybörjare som vill fördjupa dig i världen av omanska smaker, låt den här boken vara din vägledande följeslagare.

Så följ med oss på denna smakrika expedition - en resa som hyllar äktheten, mångfalden och oöverträffade smakerna av det omanska köket. Må ditt kök bli en duk för de dofter och smaker som har prytt omanska hushåll i generationer. Låt oss tillsammans fira skönheten i kulinarisk mångfald, och må din resa genom "De rika smakerna av oman Oman" fyllas med värmen från omansk gästfrihet och glädjen som kommer från att utforska hjärtat och själen i detta extraordinära kulinariska arv. Välkommen till en värld där varje rätt är ett kapitel i historien om omanska smaker.

FRUKOST

1. Omanskt bröd (Khubz Ragag)

INGREDIENSER:
- 2 dl mjöl
- 1 tsk salt
- Vatten

INSTRUKTIONER:
a) I en stor skål, kombinera mjöl och salt, vispa ihop dem.
b) Tillsätt gradvis vatten till mjölblandningen, säkerställ noggrann blandning. Justera vattenmängden baserat på önskad slutstruktur:
c) För tunt, crepeliknande bröd, tillsätt en kopp vatten, fortsätt tills konsistensen är tunnare än pannkakssmeten, så att den kan hällas över en panna.
d) För tjockare, pitabrödliknande bröd, tillsätt först cirka ½ kopp vatten, sikta på en degtjocklek som liknar traditionell bröddeg. Ytterligare vatten kan behövas, men tillsätt det stegvis och knåda noggrant för att bekräfta behovet.
e) Hetta upp en stor panna, gärna kryddat gjutjärn, på medelhög värme.
f) Om du använder den tunnare degen, häll den i pannan, virvla runt för att belägga ytan tunt. Obs: Med denna metod kan endast ett bröd bakas åt gången.
g) Om du använder den tjockare degen, nyp ihop den till små bollar och platta till med handflatorna innan du lägger dem i pannan. Med denna metod kan flera bröd tillagas samtidigt, beroende på deras storlek.
h) För den tunnare versionen, koka i ungefär en minut. När mitten stelnat, använd en spatel för att vända den i ytterligare 30 sekunder. Lägg över den på en tallrik och upprepa processen med resterande smet.
i) För den tjockare versionen, koka lite längre än en minut. När kanterna börjar stelna, vänd med en spatel och koka i ytterligare 30 sekunder till 1 minut. När du är klar, flytta till en tallrik och upprepa med resterande smet.
j) Servera det omanska brödet varmt, antingen för sig eller tillsammans med kompletterande rätter. Njut av!

2.Oman Chebab (pannkakor)

INGREDIENSER:
- 2 dl mjöl
- 1/2 kopp mannagryn
- 1/2 kopp socker
- 1/2 tsk jäst
- 2 koppar varmt vatten
- Ghee för matlagning

INSTRUKTIONER:
a) Blanda mjöl, mannagryn, socker, jäst och varmt vatten i en skål för att bilda en smet. Låt det vila en timme.
b) Hetta upp en stekpanna eller panna och smörj med ghee.
c) Häll en slev smet på grillen och koka tills det kommer bubblor på ytan.
d) Vänd pannkakan och stek den andra sidan tills den är gyllenbrun.
e) Servera varm med honung eller dadelsirap.

3. Oman Shakshuka

INGREDIENSER:
- 4 ägg
- 1 lök, finhackad
- 2 tomater, tärnade
- 2 vitlöksklyftor, hackade
- 1 röd paprika, hackad
- 1 grön chili, hackad
- Omansk kryddblandning
- Salta och peppra, efter smak
- Färsk koriander, hackad

INSTRUKTIONER:
a) Fräs lök, vitlök, paprika och grön chili i en panna tills den mjuknat.
b) Tillsätt tärnade tomater och omansk kryddblandning. Koka tills tomaterna är mjuka.
c) Gör brunnar i blandningen och knäck ägg i dem.
d) Täck pannan och koka tills äggen är färdiga efter eget tycke.
e) Smaka av med salt, peppar och färsk koriander före servering.

4.Oman Laban (yoghurt) med dadlar

INGREDIENSER:
- 2 koppar vanlig yoghurt
- 1/2 kopp dadlar, urkärnade och hackade
- 2 matskedar honung
- Mandel eller valnötter, hackade (valfritt)
- Mald kardemumma, för smak

INSTRUKTIONER:
a) Vispa vanlig yoghurt tills den är slät.
b) Blanda i hackade dadlar och honung.
c) Garnera med hackade nötter och ett strö mald kardemumma.
d) Ställ i kylen en stund innan servering för en uppfriskande smak.

5.Oman brödomelett

INGREDIENSER:
- 4 omanskt bröd (Rukhal)
- 4 ägg
- 1/2 kopp tärnad lök
- 1/2 kopp tärnade tomater
- 1/4 kopp hackad persilja
- Salta och peppra, efter smak

INSTRUKTIONER:
a) Vispa äggen i en skål och smaka av med salt och peppar.
b) Hetta upp en panna och tillsätt tärnad lök och tomater, fräs tills den är mjuk.
c) Häll de vispade äggen över grönsakerna och låt koka tills kanterna stelnat.
d) Strö över hackad persilja och vik omeletten.
e) Servera omeletten inuti det omanska brödet.

6.Oman Khabeesa

INGREDIENSER:
- 2 koppar mannagryn
- 1 kopp socker
- 1/2 kopp ghee
- 1 kopp yoghurt
- 1 tsk mald kardemumma
- 1/2 kopp russin (valfritt)
- Vatten, efter behov

INSTRUKTIONER:
a) Blanda mannagryn, socker, ghee, yoghurt och mald kardemumma i en skål.
b) Tillsätt vatten gradvis till en tjock smet.
c) Hetta upp en panna och häll i små delar av smeten för att göra pannkakor.
d) Koka tills båda sidor är gyllenbruna.
e) Garnera med russin om så önskas.
f) Servera varm.

7.Yoghurt och Dadlar Smoothie

INGREDIENSER:
- 1 dl urkärnade dadlar
- 1 kopp yoghurt
- 1/2 kopp mjölk
- 1 matsked honung
- Isbitar

INSTRUKTIONER:
a) I en mixer, kombinera urkärnade dadlar, yoghurt, mjölk och honung.
b) Mixa tills det är slätt.
c) Tillsätt isbitar och mixa igen tills smoothien når önskad konsistens.
d) Häll upp i glas och servera kyld.

8.Omansk sardin och potatishash

INGREDIENSER:
- 2 burkar sardiner i olja, avrunna
- 3 medelstora potatisar, skalade och tärnade
- 1 lök, finhackad
- 2 tomater, tärnade
- 2 vitlöksklyftor, hackade
- 1 tsk malen spiskummin
- 1 tsk mald koriander
- Salta och peppra, efter smak
- Olivolja för matlagning
- Färsk koriander till garnering

INSTRUKTIONER:
a) Värm olivolja i en panna och fräs hackad lök och vitlök tills den mjuknat.
b) Tillsätt tärnad potatis och koka tills den börjar få färg.
c) Rör ner mald spiskummin, mald koriander, salt och peppar.
d) Tillsätt tärnade tomater och koka tills de går sönder.
e) Vik försiktigt ner sardinerna, var försiktig så att de inte går sönder för mycket.
f) Koka tills potatisen är mjuk och smakerna smälter samman.
g) Garnera med färsk koriander innan servering.

9.Oman Full Medames

INGREDIENSER:
- 2 dl kokta favabönor
- 1/4 kopp olivolja
- 1 lök, finhackad
- 2 vitloksklyftor, hackade
- 1 tomat, tärnad
- 1 tsk malen spiskummin
- 1 tsk mald koriander
- Salta och peppra, efter smak
- Färsk persilja till garnering
- Hårdkokta ägg för servering (valfritt)
- Tunnbröd eller pitabröd till servering

INSTRUKTIONER:
a) Värm olivolja i en panna och fräs hackad lök och vitlök tills den mjuknat.
b) Tillsätt tärnade tomater och koka tills de går sönder.
c) Rör ner mald spiskummin, mald koriander, salt och peppar.
d) Tillsätt de kokta favabönorna och koka tills de är genomvärmda.
e) Mosa några av bönorna för att skapa en krämig konsistens.
f) Garnera med färsk persilja.
g) Servera med hårdkokta ägg vid sidan av om så önskas, och tillsammans med tunnbröd eller pitabröd.

10. Omansk ost Paratha

INGREDIENSER:
- 2 koppar universalmjöl
- 1 kopp riven omansk ost (som Majestic eller Akkawi)
- Vatten, efter behov
- Ghee eller smör, för stekning

INSTRUKTIONER:
a) Blanda mjöl och riven ost i en skål.
b) Tillsätt gradvis vatten för att bilda en mjuk deg.
c) Dela degen i små bollar och rulla var och en till en tunn, platt skiva.
d) Koka parathasen på en stekpanna med ghee eller smör tills båda sidor är gyllenbruna.
e) Servera varm.

11. Oman Maldouf FlatBröd

INGREDIENSER:
- 2 koppar fullkornsmjöl
- Salt att smaka
- 1/4 kopp ghee (klarat smör) för ytfritering
- Vatten För knådning av deg
- 8-14 1/2 kopp mjuka dadlar
- 1 kopp kokande vatten

INSTRUKTIONER:
a) Blötlägg de urkärnade dadlarna i 1 kopp kokande vatten i 2-3 timmar eller tills de är mjuka.
b) Purea de mjukgjorda dadlarna med en sil eller ett fint nät. Du kan behöva en mixer för att blanda, om den inte är särskilt mjuk för dig.
c) Blanda de mosade dadlarna tillsammans med salt, 1 msk ghee och mjöl och gör en mjuk deg.
d) Låt degen vila i minst 20 minuter.
e) Dela degen i lika stora eller citronstora bollar.
f) Rulla var och en för att bilda ett tunnbröd/paratha/cirkulär skiva/eller form du gillar till 5-6 tum lång.
g) Fräs varje med ghee tills de är kokta från båda sidorna. Eftersom degen har dadlar i sig kommer den att tillagas väldigt snabbt.

SNACKS OCH aptitretare

12. Assorterad dadelbricka

INGREDIENSER:
- 4-5 koppar urkärnade omanska dadlar eller någon sort
- 1/2 kopp rostade solrosfrön
- 1/2 kopp rostade pumpafrön
- 1/2 kopp rostade vita sesamfrön
- 1/2 kopp rostade svarta sesamfrön
- 1/2 kopp rostade jordnötter

INSTRUKTIONER:
a) Tvätta och torka alla dadlar. Se till att de är torra och fuktfria.
b) Gör en skåra i mitten av varje dadel och ta bort fröna. Kasta fröna.
c) Fyll mitten av varje dadel med de rostade solrosfröna, pumpafröna, vita sesamfrön, svarta sesamfrön och jordnötter.
d) Ordna de fyllda dadlarna på ett stort fat så att de är lättillgängliga och visuellt tilltalande.
e) Förvara de olika dadlarna i lufttäta behållare i kylen.

13.Omansk foul

INGREDIENSER:
- 2 burkar favabönor, avrunna och sköljda
- 2 vitlöksklyftor, hackade
- 1/4 kopp olivolja
- Saften av 1 citron
- Salta och peppra, efter smak
- Hackad persilja till garnering
- Omanskt bröd (Rukhal), för servering

INSTRUKTIONER:
a) Fräs hackad vitlök i olivolja i en panna tills den doftar.
b) Tillsätt favabönorna och koka tills de är genomvärmda.
c) Mosa bönorna något med en gaffel.
d) Smaka av med citronsaft, salt och peppar.
e) Garnera med hackad persilja.
f) Servera med omanskt bröd.

14. Samosa

INGREDIENSER:

För Samosa Deg:
- 2 koppar universalmjöl (maida) (260 gram)
- 1 tsk ajwain (carom frön)
- 1/4 tsk salt
- 4 matskedar + 1 tesked olja (60 ml + 5 ml)
- Vatten för att knåda degen (cirka 6 matskedar)

För Samosa fyllning:
- 3-4 medelstora potatisar (500-550 gram)
- 2 matskedar olja
- 1 tsk spiskummin
- 1 tsk fänkålsfrön
- 2 tsk krossade korianderfrön
- 1 tsk finhackad ingefära
- 1 grön chili, hackad
- 1/4 tesked hing (asafoetida)
- 1/2 kopp + 2 msk gröna ärtor (blötlagda i varmt vatten om du använder frysta)
- 1 tsk korianderpulver
- 1/2 tsk garam masala
- 1/2 tsk amchur (torkat mangopulver)
- 1/4 tsk rött chilipulver (eller efter smak)
- 3/4 tsk salt (eller efter smak)
- Olja för fritering

INSTRUKTIONER:

Gör Samosa Deg:
a) I en stor skål, kombinera allsidigt mjöl, ajwain och salt.
b) Tillsätt olja och gnid in mjölet med olja tills det liknar smulor. Detta bör ta 3-4 minuter.
c) Tillsätt vatten gradvis, knåda till en styv deg. Överarbeta inte degen; det borde bara gå ihop.
d) Täck degen med en fuktig duk och låt den vila i 40 minuter.

Gör potatisfyllning:
e) Koka potatisen tills den är klar (8-9 visselpipor om du använder en tryckkokare med spis eller 12 minuter vid högt tryck i en snabbkokare).
f) Skala och mosa potatisen.
g) Värm olja i en panna och tillsätt spiskummin, fänkålsfrön och krossade korianderfrön. Fräs tills det är aromatiskt.
h) Tillsätt hackad ingefära, grön chili, hing, kokt och mosad potatis och gröna ärtor. Blanda väl.
i) Tillsätt korianderpulver, garam masala, amchur, röd chilipulver och salt. Blanda tills det är väl införlivat. Ta av från värmen och låt fyllningen svalna.

Forma och stek Samosa:
j) Efter att degen har vilat, dela den i 7 lika delar.
k) Rulla varje del till en cirkel med en diameter på 6-7 tum och skär den i två delar.
l) Ta en del, applicera vatten på den raka kanten och bilda en kon. Fyll med 1-2 matskedar potatisfyllning.
m) Förslut samosaen genom att nypa i kanterna. Upprepa för den återstående degen.
n) Värm olja på låg värme. Stek samosas på låg värme tills de blir fasta och ljusbruna (10-12 minuter). Öka värmen till medel och stek tills de är gyllenbruna.
o) Stek 4-5 samosas åt gången, och varje sats tar cirka 20 minuter på låg värme.

15. Oman Khubz (Flatbread) Chips

INGREDIENSER:
- 4 omanska tunnbröd (Khubz)
- 2 matskedar olivolja
- 1 tsk malen spiskummin
- 1 tsk paprika
- Salt att smaka

INSTRUKTIONER:
a) Värm ugnen till 350°F (180°C).
b) Pensla tunnbröd med olivolja och strö över spiskummin, paprika och salt.
c) Skär tunnbröd i trianglar eller strimlor.
d) Grädda i ugnen i 10-12 minuter eller tills den är knaprig.
e) Kyl innan servering.

16. Omanska dadlar med mandel

INGREDIENSER:
- Färska dadlar
- Mandel, hel eller halverad

INSTRUKTIONER:
a) Urkärna dadlarna genom att göra ett litet snitt och ta bort fröet.
b) Sätt in en hel mandel eller halva i håligheten som lämnats av fröet.

17.Omanska fyllda vinblad (Warak Enab)

INGREDIENSER:
- Druvblad, burk eller färsk
- 1 kopp ris, tvättat
- 1/2 kopp köttfärs (nötkött eller lamm)
- 1/4 kopp pinjenötter
- 1/4 kopp hackad färsk persilja
- Saften av 1 citron
- Salta och peppra, efter smak
- Olivolja

INSTRUKTIONER:
a) Om du använder färska druvblad, blanchera dem i kokande vatten i några minuter.
b) Blanda ris, köttfärs, pinjenötter, persilja, citronsaft, salt och peppar i en skål.
c) Lägg en sked av blandningen i mitten av varje druvblad och vik ihop till ett litet paket.
d) Ordna de fyllda druvbladen i en kastrull, ringla över olivolja och tillsätt tillräckligt med vatten för att täcka dem.
e) Sjud tills riset är kokt och bladen är mjuka.
f) Servera varm.

18.Oman Lahm Bi Ajeen (köttpajer)

INGREDIENSER:
- 2 dl köttfärs (nötkött eller lamm)
- 1 stor lök, finhackad
- 2 tomater, tärnade
- 1/4 kopp hackad färsk persilja
- 1 tsk malen spiskummin
- 1 tsk mald koriander
- Salta och peppra, efter smak
- Pizzadeg eller färdiga bakverk

INSTRUKTIONER:
a) Fräs löken i en panna tills den är genomskinlig.
b) Tillsätt köttfärs och koka tills det får färg.
c) Rör ner tärnade tomater, hackad persilja, mald spiskummin, mald koriander, salt och peppar.
d) Kavla ut pizzadegen eller bakelsearken och skär i cirklar.
e) Lägg en sked av köttblandningen på varje cirkel, vik på mitten och förslut kanterna.
f) Grädda tills de är gyllenbruna.
g) Servera varm.

19. Omansk Falafel

INGREDIENSER:
- 2 dl blötlagda och avrunna kikärter
- 1 liten lök, hackad
- 3 vitlöksklyftor, hackade
- 1/4 kopp färsk persilja, hackad
- 1 tsk malen spiskummin
- 1 tsk mald koriander
- Salta och peppra, efter smak
- Olja för stekning

INSTRUKTIONER:
a) Blanda kikärter, lök, vitlök, persilja, spiskummin, koriander, salt och peppar i en matberedare tills en grov blandning bildas.
b) Forma blandningen till små bollar eller biffar.
c) Hetta upp olja i en panna och stek tills den är gyllenbrun på båda sidor.
d) Låt rinna av på hushållspapper.
e) Servera varm med tahinisås eller yoghurt.

20.Oman Spenat Fatayer

INGREDIENSER:
- 2 dl hackad spenat
- 1 liten lök, finhackad
- 1/4 kopp pinjenötter
- 1 msk olivolja
- 1 tsk mald sumak
- Salta och peppra, efter smak
- Pizzadeg eller färdiga bakverk

INSTRUKTIONER:
a) Fräs löken i olivolja tills den är genomskinlig.
b) Tillsätt hackad spenat och koka tills den vissnat.
c) Rör ner pinjenötter, mald sumak, salt och peppar.
d) Kavla ut pizzadegen eller bakelsearken och skär i cirklar.
e) Lägg en sked av spenatblandningen på varje cirkel, vik på mitten och förslut kanterna.
f) Grädda tills de är gyllenbruna.
g) Servera varm.

21.Omansk grillad halloumi

INGREDIENSER:
- 1 block halloumi ost, skivad
- 2 matskedar olivolja
- 1 tsk torkad oregano
- Saften av 1 citron

INSTRUKTIONER:
a) Hetta upp en grill eller grillpanna.
b) Pensla halloumiskivorna med olivolja.
c) Grilla halloumin tills den är gyllenbrun på båda sidor.
d) Strö över torkad oregano och ringla över citronsaft.
e) Servera varm som prickmat eller aptitretare.

HUVUDRÄTT

22. Omansk havresoppa (Shorba)

INGREDIENSER:

- 1 kopp havregryn
- 1/2 kopp hackade grönsaker (morötter, ärtor, bönor)
- 1/4 kopp hackad lök
- 2 vitlöksklyftor, hackade
- 1 tsk malen spiskummin
- 4 dl kyckling- eller grönsaksbuljong
- Salta och peppra, efter smak

INSTRUKTIONER:

a) Fräs lök och vitlök i en kastrull tills den mjuknat.
b) Tillsätt hackade grönsaker och koka några minuter.
c) Rör ner havre och malen spiskummin.
d) Häll i buljongen och låt koka upp.
e) Sjud tills havren är kokt och soppan tjocknar.
f) Krydda med salt och peppar.
g) Servera varm.

23. Qabuli (afghansk rispilaf)

INGREDIENSER:

- 2 dl basmatiris
- 1 lb lamm eller kyckling, i tärningar
- 1 stor lök, finhackad
- 1/2 kopp vegetabilisk olja
- 1/2 kopp russin
- 1/2 kopp strimlad mandel
- 1/2 kopp rivna morötter
- 1/2 tsk mald kardemumma
- 1/2 tsk mald kanel
- 1/2 tsk malen spiskummin
- Salta och peppra efter smak
- 4 dl kycklingbuljong eller vatten

INSTRUKTIONER:

a) Skölj basmatiriset under kallt vatten tills vattnet blir klart. Blötlägg riset i vatten i 30 minuter och låt det rinna av.

b) Värm vegetabilisk olja på medelvärme i en stor gryta. Tillsätt den hackade löken och stek tills den är gyllenbrun.

c) Lägg i det tärnade lammet eller kycklingen i grytan och bryn på alla sidor. Krydda med salt, peppar, mald kardemumma, mald kanel och mald spiskummin.

d) Rör ner de rivna morötterna, russinen och mandeln. Koka i ytterligare 5 minuter, låt smakerna smälta.

e) Tillsätt det blötlagda och avrunna basmatiriset i grytan, rör försiktigt för att kombinera med köttet och grönsakerna.

f) Häll i kycklingbuljongen eller vattnet. Koka upp blandningen och sänk sedan värmen till låg. Täck grytan med ett tättslutande lock och låt sjuda i 20-25 minuter, eller tills riset är mört och vätskan absorberats.

g) När Qabuli är kokt, fluffa riset med en gaffel för att separera kornen.

h) Servera Qabulien varm, garnerad med ytterligare strimlad mandel och russin om så önskas. Det passar bra med yoghurt eller en sallad. Njut av din smakrika afghanska rispilaff!

24.Omansk traditionell Mashuai

INGREDIENSER:
- 4 Kungsfisk
- 1 msk olivolja
- 2 msk vitlökspasta
- 1 tsk ingefärspasta
- 1 tsk mald spiskummin
- 1 citronsaft
- 1/2 tsk mald gurkmeja
- 1/2 tsk mald kardemumma
- 1/2 tsk mald svartpeppar
- 1/4 tsk mald muskotnöt

INSTRUKTIONER:
a) Rengör fisken och skär på båda sidor.
b) Blanda alla ingredienser i en skål och applicera på fisken.
c) Låt fisken marinera i minst 3 timmar.
d) Lägg på en bakform och grädda i en förvärmd ugn på 200 grader i 20 min. Eller så kan du kolgrill.
e) Servera med omanskt citronris.

25.Mandi ris med kyckling

INGREDIENSER:
- 2 dl basmatiris
- 500 g kyckling, skuren i bitar
- Omansk kryddblandning (en blandning av kanel, kardemumma, kryddnejlika och svart lime)
- 1 stor lök, skivad
- 1/4 kopp ghee
- Salt att smaka
- Mandel och russin till garnering

INSTRUKTIONER:
a) Gnid in kycklingen med omansk kryddblandning och låt den marinera i minst 30 minuter.
b) I en stor gryta, fräs skivad lök i ghee tills den är gyllenbrun.
c) Tillsätt den marinerade kycklingen i grytan och koka tills den fått färg.
d) Rör ner riset, den omanska kryddblandningen och saltet. Koka i några minuter.
e) Tillsätt vatten enligt rispaketets anvisningar och koka tills riset är klart.
f) Garnera med rostad mandel och russin innan servering.

26. Majboos (omanskt kryddat ris med kyckling)

INGREDIENSER:
- 2 dl basmatiris
- 500 g kyckling, skuren i bitar
- 2 lökar, fint hackade
- 3 tomater, hackade
- 4 vitlöksklyftor, hackade
- 1/4 kopp vegetabilisk olja
- 2 matskedar omansk kryddblandning (en blandning av spiskummin, koriander, kanel, kryddnejlika, kardemumma)
- Salta och peppra, efter smak
- 4 dl kycklingbuljong

INSTRUKTIONER:
a) I en stor gryta, fräs lök och vitlök i vegetabilisk olja tills de är gyllenbruna.
b) Lägg i kycklingbitarna och bryn på alla sidor.
c) Rör i omansk kryddblandning, salt och peppar.
d) Tillsätt hackade tomater och koka tills de mjuknat.
e) Häll i kycklingbuljongen och låt koka upp.
f) Rör ner ris, sänk värmen, täck och låt sjuda tills riset är kokt.
g) Servera varm.

27.Traditionella enkruka kycklinghare

INGREDIENSER:

- 2 koppar hare (vetekorn)
- 1 kg (2 lbs) kyckling, urbenad
- 2 kanelstänger
- 1 tsk svartpepparpulver
- Salt att smaka
- Smält smör eller olivolja

INSTRUKTIONER:

a) Börja med att blötlägga vetekornen över natten, låt dem absorbera vatten och mjukna.

b) I en stor gryta, kombinera det blötlagda vetet, urbenad kyckling, kanelstänger, svartpepparpulver, salt och tillräckligt med vatten för att täcka ingredienserna. Låt blandningen koka upp.

c) Låt blandningen koka tills hararna får en vattnig konsistens. Det är viktigt att röra om i botten med några minuters mellanrum för att undvika att det bränns. Denna process kräver lite tid för att säkerställa korrekt tillagning.

d) När den är kokt, använd en stavmixer för att mixa innehållet. Målet är att uppnå en strukturerad konsistens, inte en fin pasta. Låt den vara lite kornig för extra konsistens.

e) Servera hararna varma och ringla smält smör eller olivolja ovanpå för extra fyllighet och smak.

28. Omanska fiskharar

INGREDIENSER:

- 1 kopp vete, blötlagt över natten
- 1 kg fiskfiléer (snapper eller kungsfisk)
- 2 stora lökar, fint hackade
- 4 vitlöksklyftor, hackade
- 1/4 kopp ghee
- 1 tsk mald gurkmeja
- Salta och peppra, efter smak
- Vatten

INSTRUKTIONER:

a) Häll av det blötlagda vetet och mal det till en grov deg.
b) Fräs lök och vitlök i ghee i en kastrull tills de är gyllenbruna.
c) Lägg i fiskfiléer och bryn på båda sidor.
d) Rör ner mald gurkmeja, salt och peppar.
e) Häll i tillräckligt med vatten för att täcka blandningen.
f) Tillsätt vetepasta och låt koka på låg värme tills fisken och vetet är mört.
g) Servera varm.

29. Kyckling Shawarma

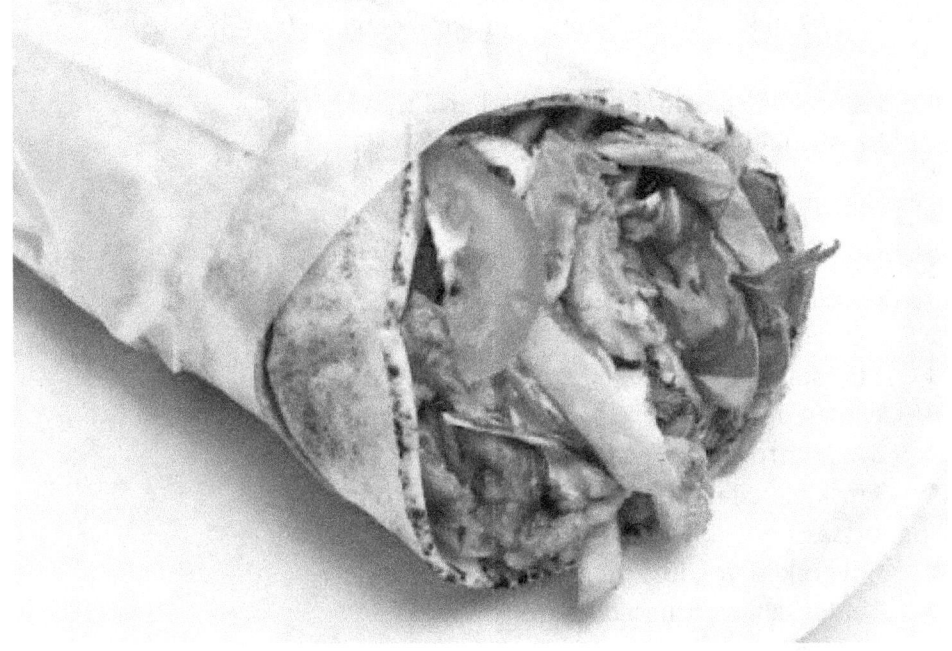

INGREDIENSER:

Kyckling:
- 1 kg / 2 lb kycklinglårfiléer, utan skinn och ben (not 3)

Marinad:
- 1 stor vitlöksklyfta, finhackad (eller 2 små klyftor)
- 1 msk mald koriander
- 1 msk mald spiskummin
- 1 msk mald kardemumma
- 1 tsk mald cayennepeppar (minska till 1/2 tsk för att göra den mindre kryddig)
- 2 tsk rökt paprika
- 2 tsk salt
- Svartpeppar
- 2 msk citronsaft
- 3 msk olivolja

Yoghurtsås:
- 1 dl grekisk yoghurt
- 1 vitlöksklyfta, krossad
- 1 tsk spiskummin
- Pressa citronsaft
- Salt och peppar

Att tjäna:
- 4 – 5 tunnbröd (libanesiskt eller pitabröd eller hemgjorda mjuka tunnbröd)
- Skivad sallad (cos eller isberg)
- Tomatskivor
- Rödlök, fint skivad
- Ost, strimlad (valfritt)
- Valfri varm sås (valfritt)

INSTRUKTIONER:

Marinad kyckling:

a) Kombinera ingredienserna till marinaden i en stor ziplockpåse. Lägg till kycklingen, försegla och massera sedan från utsidan med händerna för att säkerställa att varje bit är belagd.
b) Marinera i minst 3 timmar, gärna 24 timmar.

Yoghurtsås:

c) I en skål, kombinera ingredienserna till yoghurtsåsen och blanda. Täck över och kyl tills det behövs (det håller i 3 dagar i kylen).
d) Värm upp en stor stekpanna med 1 matsked olja på medelhög värme eller pensla lätt en BBQ-häll/grill med olja och värm till medelhög värme. (Se anteckningar för bakning)

Koka kyckling:

e) Lägg den marinerade kycklingen i stekpannan eller på grillen och stek den första sidan i 4 till 5 minuter tills den är fin förkolnad. Vänd och tillaga den andra sidan i 3 till 4 minuter (den andra sidan tar mindre tid).
f) Ta bort kycklingen från grillen och täck löst med folie. Ställ åt sidan för att vila i 5 minuter.
g) Skiva kycklingen och lägg den på ett fat tillsammans med tunnbröd, sallad och yoghurtsåsen (eller mejerifri tahinisås från detta recept).
h) För att göra en wrap, ta en bit tunnbröd, smeta den med yoghurtsås, toppa med lite sallad, tomat och kycklingshawarma. Rulla ihop och njut!

30. Oman Shuwa

INGREDIENSER:

- 2 lammskaft (ungefär 0,7 lbs vardera, helst nyzeeländska skaft)
- 2 tsk Vitlök, pressad
- 1 tsk ingefära vitlökspasta
- ¾ tesked svartpepparpulver
- ¾ tesked spiskumminpulver
- 1 tsk korianderfrön, pulveriserade eller 1 ¼ tsk korianderpulver
- 10 nejlikor eller cirka ¼ tsk kryddnejlika pulver
- 1 ½ tsk chilipulver
- 2 msk vinäger (rödvinsvinäger rekommenderas)
- 1 lime, saftad
- 2 – 2 ½ tsk salt (anpassa efter smak, ca 2 tsk använd)
- 2 ½ - 3 matskedar olja
- Bananblad (frysta blad kan användas)

INSTRUKTIONER:

Förbered lammet:
a) Tvätta lammlägg och gör stora och djupa skåror. Detta är avgörande för ett smakrikt och kryddigt kött.

Gör kryddpastan:
b) Blanda alla ingredienser utom lamm till en pasta.

Marinera lammet:
c) Gnid in kryddpastan på lammet, se till att få ner kryddorna i skårorna. Använd fingrarna för att gnugga köttet ordentligt.
d) Lägg ett bananblad i en ugnsform, lägg lammet på bladet och häll eventuell resterande kryddblandning över det.
e) Vik bananbladet över lammet för att täcka det helt och skapa ett paket. Täck ugnsformen och marinera i kylen över natten eller i 24 – 48 timmar.
f) Ta ut det marinerade lammet ur kylen och låt det stå på bänkskivan i 30 – 60 minuter innan tillagning för att få det till rumstemperatur (valfritt).

Matlagning:
g) Värm ugnen till 250°F och placera ugnsformen inuti. Kom ihåg att ta av locket/locket på ugnsformen.
h) Grädda lammet, insvept i bananblad, i 3 timmar eller tills köttet är mört. Vänd köttet var 1 – 1 ½ timme.
i) Beroende på köttets storlek och tjocklek kan det behövas längre tillagningstid.
j) Ändra ugnstemperaturen till 350°F, öppna bananomslaget och tillaga ytterligare 20 minuter tills köttet är mörkbrunt.
k) Efter 3 timmar kommer bananomslaget att torka upp och börja falla isär. Du kan lämna bladet i själva skålen och öppna/ta bort bladet från toppen innan du steker i 350°F.
l) Ta ut ur ugnen och låt köttet vila i minst 10 minuter innan servering.
m) Servera Oman Shuwa med smaksatt ris eller dina favoriträtter.

31. Oman Mishkak

INGREDIENSER:
- 1 kg biff, i tärningar
- 3 msk färsk ingefära, riven
- 5 vitlöksklyftor
- ½ papayafrukt, hackad
- 1 ½ msk salt
- 3 urkärnade röda chili eller 1 msk chilipulver
- 1 msk gurkmeja
- 4 msk vinäger (alla typer är bra)
- 4 msk tamarindpasta (nödvändigt)
- 1 msk spiskumminpulver
- 1 msk svartpeppar
- 2 msk olja (valfri)

INSTRUKTIONER:

a) Skär nötköttet i små tärningar, se till att de är lämpliga för spett men inte för små eller stora.

b) Blanda alla ingredienser utom nötköttet i en matberedare för att skapa en pasta. Börja med större ingredienser som papayabitar och fortsätt till pulver för optimal blandning.

c) Blanda marinaden väl med nötköttstärningarna, se till att de är jämnt belagda. Låt nötköttet marinera, gärna över natten, för att köttet ska möra och absorbera smakerna.

d) Spett de marinerade bifftärningarna.

e) Rosta spetten över en varm kolgrill eller under en ugnsbroiler tills de är lätt förkolnade och mjuka.

f) Pensla eventuellt lite olja under tillagningsprocessen för att förhindra att köttet torkar ut.

g) Vänd spetten regelbundet för att säkerställa jämn tillagning. Var försiktig så att du inte överkokar, eftersom det kan resultera i torrt och segt kött.

h) När den är tillagad, servera Mishkaken varm och njut av de smakrika, möra nötköttsspettena.

32.Kyckling Kabsa

INGREDIENSER:

Kabsa kryddblandning:
- 1/4 tsk mald kardemumma
- 1/4 tsk mald vitpeppar
- 1/4 tsk saffran
- 1/2 tsk mald kanel
- 1/2 tsk mald kryddpeppar
- 1/2 tsk torkat limepulver

Kyckling Kabsa:
- 2 msk olja eller smör
- 3 lökar, skivade
- 1 msk finhackad ingefära (ingefärspasta)
- 1 msk finhackad vitlök (vitlökspasta)
- 1 grön chili
- 2 torkade lagerblad
- 6 kryddnejlika
- 4 st kardemummakapslar
- 1 kanelstång
- 2 msk tomatpuré (tomatpuré)
- 1 nypa mald muskotnöt
- 1/2 tsk mald svartpeppar
- 1/4 tsk malen spiskummin
- 1/2 tsk mald koriander
- 3 medelstora morötter, tunt skivade
- 200 g konserverade tärnade tomater (eller 3 hackade tomater)
- 2 kycklingbuljongtärningar
- 1 1/2 kg hel kyckling, skuren i 6 bitar
- 3 dl basmatiris, sköljt
- 1/4 kopp russin
- Vatten
- Salt att smaka
- Russin, till garnering (valfritt)
- Skivad mandel, till garnering (valfritt)

INSTRUKTIONER:

Förbered Kabsa kryddblandning:

a) Kombinera kardemumma, vitpeppar, saffran, kanel, kryddpeppar och limepulver i en skål. Avsätta.
b) Hetta upp olja i en stor tjockbottnad panna på medelhög värme. Tillsätt lök, ingefära, vitlök och grön chili. Fräs tills löken blir gyllenbrun.
c) Tillsätt lagerblad, kryddnejlika, kardemummaskidor och kanelstång. Stek i en minut.
d) Rör ner tomatpuré. Tillsätt muskotnöt, svartpeppar, spiskummin, koriander och den förberedda Kabsa kryddblandningen. Krydda med salt. Stek kryddorna en minut.
e) Tillsätt morötter och tärnade tomater. Rör om och koka i 2 minuter.

Brun kyckling:

f) Lägg i kycklingtärningar och kycklingbitar. Bryn kycklingen, vänd då och då, i cirka 30 minuter.
g) Ta bort kycklingbitarna från pannan och ställ åt sidan.

Koka ris:

h) Tillsätt ris och russin i pannan. Häll i 4 koppar vatten. Krydda med salt. Låt det koka upp.
i) Sänk värmen, täck med lock och låt sjuda i 10-15 minuter.

Grillad kyckling:

j) Förvärm grillen. Grilla kycklingen i 10-15 minuter eller tills den är genomstekt.
k) Servera riset till den grillade kycklingen.
l) Valfritt: Garnera med russin och strimlad mandel.

33.Oman Arsia

INGREDIENSER:
FÖR Kycklingen:
- 1 kg kyckling, skuren i bitar
- 1 kopp basmatiris, tvättat och blött
- 2 matskedar Ghee
- 1 lök, finhackad
- 2 tomater, hackade
- 2 grön chili, hackad
- 1 msk vitlökspasta
- 1 msk Ginger Paste
- 1/2 tsk Gurkmejapulver
- 1/2 tsk röd chilipulver
- 1/2 tsk Garam Masala
- Salt att smaka
- 2 dl kycklingbuljong

FÖR RISET:
- 1 kopp basmatiris, tvättat och blött
- 1 matsked Ghee
- 2 koppar vatten
- Salt att smaka

INSTRUKTIONER:
FÖRBERED KYCKLING:
a) Värm ghee på medelvärme i en stor gryta. Tillsätt hackad lök och fräs tills den är gyllenbrun.
b) Tillsätt vitlökspasta och ingefärspasta till löken. Fräs i en minut tills den råa doften försvinner.
c) Lägg i kycklingbitarna i grytan och koka tills de fått färg på alla sidor.
d) Tillsätt hackade tomater, grön chili, gurkmejapulver, röd chilipulver, garam masala och salt. Blanda väl.
e) Häll i kycklingbuljongen och låt blandningen koka upp. Sänk värmen, täck grytan och låt sjuda tills kycklingen är genomstekt.

FÖRBERED RISET:
f) Värm ghee på medelvärme i en separat gryta. Tillsätt blötlagt basmatiris och fräs i några minuter.
g) Häll i vatten och tillsätt salt. Koka upp blandningen, sänk sedan värmen, täck grytan och låt sjuda tills riset är kokt och vätskan absorberas.

SAMMANSTÄLL ARSIEN:
h) I ett serveringsfat, arrangera den kokta kycklingen tillsammans med dess buljong.
i) Toppa kycklingen med det kokta basmatiriset.
j) Servera Oman Chicken Arsia varm, så att matgästerna kan njuta av den smakrika kombinationen av kryddat ris och mör kyckling.

34.Omansk kyckling Biryani

INGREDIENSER:

För marinering:
- 1 kg kycklingbitar
- 1 msk Ginger Vitlökspasta
- 1 tsk Helkryddor Pulver
- 1 tsk Gurkmejapulver
- 1 msk röd chilipulver
- Salt att smaka
- 1 citron, saftad

För Biryani:
- 1 kg Basmatiris, blötlagt i 1 timme
- 2 lökar, hackade
- 2 tomater, hackade
- 2 msk Ginger Vitlökspasta
- Saffranstrådar indränkta i varm mjölk med orange matfärg
- 100 gram Pure Ghee
- 10 gröna chili, slits
- 1 gyllene brun lök (för garnering)
- 1 tsk spiskumminpulver
- 1 tsk kanelpulver
- 1 tsk svartpepparpulver
- Färska korianderblad, hackade
- 1 kopp rostade cashewnötter och mandel

INSTRUKTIONER:
Marinera kycklingen:
a) I en skål, kombinera kycklingbitar med ingefära vitlökspasta, hela kryddor pulver, gurkmeja pulver, röd chili pulver, salt och citronsaft. Marinera i minst 30 minuter.
b) Hetta upp olja i en panna och rosta den marinerade kycklingen tills den är mör. Avsätta.

Förbered Biryani:
c) Värm olja i en stor gryta. Tillsätt hackad lök och fräs tills den är gyllenbrun.
d) Tillsätt ingefära vitlökspasta och skär grön chili. Fräs tills den råa doften försvinner.
e) Tillsätt hackade tomater och salt. Fräs tills tomaterna är mjuka.
f) Tillsätt spiskumminpulver, kanelpulver och svartpepparpulver. Blanda väl.

LAGA BIRYANI:
g) Lagra hälften av det delvis kokta riset i grytan.
h) Tillsätt rostade torra frukter, hackade korianderblad, gyllenbruna lök och de rostade kycklingbitarna.
i) Upprepa skiktningen med resterande ris och toppa med saffransmjölk och desi ghee.
j) Täck grytan och koka på medelhög värme tills riset är helt genomkokt.
k) Garnera Oman Chicken Biryani med fler hackade korianderblad och rostade cashewnötter och mandel.
l) Servera den autentiska omanska biryanien och njut av den rika och smakrika rätten!

35.Omansk fiskcurry (Saloonat Samak)

INGREDIENSER:

- 1 kg fiskfiléer (snapper eller kungsfisk)
- 2 stora tomater, hackade
- 1 stor lök, finhackad
- 4 vitlöksklyftor, hackade
- 1/4 kopp tamarindpasta
- 2 msk omanskt currypulver
- 1 dl kokosmjölk
- Vegetabilisk olja
- Salta och peppra, efter smak

INSTRUKTIONER:

a) I en panna, fräs lök och vitlök i vegetabilisk olja tills de är mjuka.
b) Tillsätt hackade tomater och koka tills de går sönder.
c) Rör ner omanskt currypulver och koka i några minuter.
d) Tillsätt tamarindpasta och kokosmjölk och låt sjuda upp.
e) Krydda fiskfiléerna med salt och peppar och lägg dem sedan i den sjudande curryn.
f) Koka tills fisken är klar och curryn tjocknat.
g) Servera varm med ris.

36.Oman Lamb Kabsa

INGREDIENSER:
- 2 dl basmatiris
- 1 kg lamm, skuren i bitar
- 2 stora lökar, fint hackade
- 3 tomater, hackade
- 1/2 kopp tomatpuré
- 4 vitlöksklyftor, hackade
- 2 tsk mald koriander
- 2 tsk malen spiskummin
- 1 tsk mald kanel
- 1 tsk mald kardemumma
- 4 dl kyckling- eller lammbuljong
- Vegetabilisk olja
- Salta och peppra, efter smak

INSTRUKTIONER:
a) I en stor gryta, fräs lök i vegetabilisk olja tills den är gyllenbrun.
b) Lägg i lammbitar och bryn på alla sidor.
c) Rör ner hackad vitlök, mald koriander, mald spiskummin, mald kanel och mald kardemumma.
d) Tillsätt hackade tomater och tomatpuré, koka tills tomaterna bryts ner.
e) Häll i buljongen och låt koka upp.
f) Tillsätt ris, salt och peppar. Koka tills riset är klart.
g) Servera varm, garnerad med stekt mandel och pinjenötter.

37.Omansk grönsakssalong

INGREDIENSER:
- 2 potatisar, skalade och tärnade
- 2 morötter, skalade och tärnade
- 1 dl gröna bönor, hackade
- 1 kopp pumpa, tärnad
- 1 kopp zucchini, tärnad
- 1 stor lök, finhackad
- 3 tomater, hackade
- 3 vitlöksklyftor, hackade
- 2 msk tomatpuré
- 1 tsk mald koriander
- 1 tsk malen spiskummin
- 1 tsk mald gurkmeja
- 4 dl grönsaksbuljong
- Vegetabilisk olja
- Salta och peppra, efter smak

INSTRUKTIONER:
a) I en gryta, fräs lök i vegetabilisk olja tills den är gyllenbrun.
b) Tillsätt hackad vitlök, mald koriander, mald spiskummin och mald gurkmeja. Koka i några minuter.
c) Rör ner hackade tomater och tomatpuré, koka tills tomaterna bryts ner.
d) Tillsätt tärnad potatis, morötter, gröna bönor, pumpa och zucchini.
e) Häll i grönsaksbuljong och låt koka upp.
f) Krydda med salt och peppar.
g) Sjud tills grönsakerna är mjuka.
h) Servera varm med ris.

38.Omanskt lamm Mandi

INGREDIENSER:
- 1 kg lamm, skuren i bitar
- 2 dl basmatiris
- 2 stora lökar, fint hackade
- 4 vitlöksklyftor, hackade
- 1/4 kopp vegetabilisk olja
- 2 msk Mandi kryddblandning (koriander, spiskummin, svart lime, kanel, kardemumma)
- 4 dl lamm- eller kycklingbuljong
- Salt att smaka

INSTRUKTIONER:
a) I en stor gryta, fräs lök och vitlök i vegetabilisk olja tills de är gyllenbruna.
b) Lägg i lammbitar och bryn på alla sidor.
c) Rör ner Mandi kryddblandning och salt.
d) Häll i buljongen och låt koka upp.
e) Tillsätt ris och koka tills både ris och lamm är klart.
f) Servera varm, garnerad med stekt lök.

39.Oman Lamm Kabuli

INGREDIENSER:
- 1 kg lamm, skuren i bitar
- 2 dl basmatiris
- 2 stora lökar, fint hackade
- 4 vitlöksklyftor, hackade
- 1/4 kopp vegetabilisk olja
- 1 dl kikärtor, kokta
- 1 tsk mald koriander
- 1 tsk malen spiskummin
- 4 dl lamm- eller kycklingbuljong
- Salta och peppra, efter smak

INSTRUKTIONER:
a) I en stor gryta, fräs lök och vitlök i vegetabilisk olja tills de är gyllenbruna.
b) Lägg i lammbitar och bryn på alla sidor.
c) Rör ner mald koriander, mald spiskummin, salt och peppar.
d) Häll i buljongen och låt koka upp.
e) Tillsätt ris och kokta kikärter och koka tills både ris och lamm är klart.
f) Servera varm.

Oman Kofta med Zucchinisås
28 juni 2023 av Laura

Efter förra månadens inlägg om Harappan-smyckena som hittades i en bronsåldersgrav i Oman, ville jag dela med mig av ett läckert, modernt omanskt recept från min samling. Med sommarens överflöd av zucchini och annan squash är detta ett bra recept på grillen, som kommer att bli en av dina nya favoriter.

Var inte försiktig med mängden örter och kryddor i köttet. Kanelen i koftan tämjas genom tillagning och såsen är smakrik och god – även om jag får säga det själv. Skålen är en "keeper" i vårt hem, jag hoppas att den kommer att finnas i ditt också.

40.Oman Kofta med Zucchinisås

INGREDIENSER:
KOFTA
- 1 pund nötfärs
- 1 litet knippe persilja, finhackad
- 1 liten-medelstor rödlök, finhackad
- 1-2 dl kanel
- Salta/peppra efter smak

ZUCCHINISÅS
- 2-3 tsk olivolja
- 8 hackade vitlöksklyftor
- 1 dl krossad röd chili
- 2-3 tsk balsamvinäger
- 1 stor burk (eller 2 små burkar) hackade tomater
- 4 lagerblad
- 2-3 medelstora zucchinis
- 1 litet knippe persilja, finhackad
- 1 litet knippe mynta, finhackad
- Salta/peppra efter smak

INSTRUKTIONER:
a) Förvärm broiler. Blanda alla ingredienserna till koftan. Skapa fingerformer eller bollar. Smörj eller spraya en broilerpanna lätt. Koka kofta 2-3 tum från lågan. Tillagningstiden varierar beroende på storleken på koftan, men försök tillaga 2-3 minuter per sida. (Det går även bra att grilla koftan istället).

b) Till zucchinisåsen, tillsätt lite olivolja i en kastrull och fräs vitlöken och den röda chilin i 3 minuter. Tillsätt balsamvinägern och efter en minut tillsätt alla hackade tomater med lagerbladen. Vänta tills såsen börjar koka, täck sedan över kastrullen och sätt den på lägsta låga i 10 minuter.

c) Skär zucchinin i små bitar och fräs den i lite mer olivolja tills den börjar mjukna. Lägg sedan till dem i tomatsåsen. Tillsätt persilja och mynta i såsen och rör om väl. Tillsätt lite salt och peppar efter önskemål.

d) Koka ytterligare några minuter så att smaken av örterna kan tränga in i pannan. Lägg sedan koftan på serveringsfatet och sked lite sås på dem och servera resten vid sidan av.

41.Madrouba

INGREDIENSER:
- 200 ml långkornigt vitt ris som basmati
- 50 ml röda linser
- 100 ml kokta kikärter
- 4 msk olja, t ex raps se anm
- ¼ lök, hackad
- 4 vitlöksklyftor, hackade
- 2 tsk färsk ingefära, riven
- 1 tomat, tärnad
- 2 hela torkade limefrukter se anm
- 2 tsk gurkmeja
- 2 tsk spiskummin
- 2 tsk mald koriander
- 1 tsk mald kanel
- 1 tsk mald kardemumma
- 1 nypa muskotnöt
- 1 grönsaksbuljongtärning
- cayennepeppar efter smak
- salt att smaka

TOPPINGS (VALFRITT)
- 1 msk rapsolja
- ¼ lök, tunt skivad
- färska limeklyftor

INSTRUKTIONER:

a) För de torkade limefrukterna skär du upp dem och riv ut det mörka, mjuka köttet. Kassera frön och skal. Hacka grovt och lägg i grytan.
b) Sätt en stor gryta på medelhög till hög värme. Tillsätt 2-3 msk rapsolja.
c) Fräs den hackade löken tills den börjar få färg.
d) Tillsätt vitlök och ingefära och rör tills det är mjukt och doftande.
e) Tillsätt den tärnade tomaten och alla kryddor, inklusive torkad lime eller skal.
f) Rör ner ris, linser och kikärter. Tillsätt 600 ml vatten och låt koka upp.
g) Låt riset puttra på låg temperatur i 40-60 minuter. Rör om ofta och tillsätt mer vatten efter behov. Det slutade med att jag använde 1200 ml totalt.
h) Stek under tiden den tunt skivade löken tills den är mörkbrun.
i) När riset är mjukt och börjar falla isär avslutar du rätten med att mosa riset med en potatisstöt.
j) Valfritt: rör i lite olivolja.
k) Servera rätten varm och toppa med den stekta löken och kanske några färska limeklyftor.

42.Kyckling med lök och kardemumma ris

INGREDIENSER:

- 3 msk / 40 g socker
- 3 msk / 40 ml vatten
- 2½ msk / 25 g berberis (eller vinbär)
- 4 msk olivolja
- 2 medelstora lökar, tunt skivade (2 koppar / 250 g totalt)
- 2¼ lb / 1 kg skinn-på kycklinglår med ben, eller 1 hel kyckling, i fjärdedelar
- 10 st kardemummakapslar
- rundade ¼ tsk hela kryddnejlika
- 2 långa kanelstänger, delade i två
- 1⅔ koppar / 300 g basmatiris
- 2¼ koppar / 550 ml kokande vatten
- 1½ msk / 5 g platta bladpersilja, hackad
- ½ kopp / 5 g dillblad, hackade
- ¼ kopp / 5 g korianderblad, hackade
- ⅓ kopp / 100 g grekisk yoghurt, blandad med 2 msk olivolja (valfritt)
- salt och nymalen svartpeppar

INSTRUKTIONER

a) Häll sockret och vattnet i en liten kastrull och värm tills sockret löst sig. Ta av från värmen, tillsätt berberisen och ställ åt sidan för att blötläggas. Om du använder vinbär behöver du inte blötlägga dem på detta sätt.

b) Värm under tiden hälften av olivoljan i en stor sautépanna som du har ett lock för på medelvärme, tillsätt löken och koka i 10 till 15 minuter, rör om då och då, tills löken har blivit djupt gyllenbrun. Överför löken till en liten skål och torka av pannan.

c) Lägg kycklingen i en stor mixerskål och krydda med 1½ tsk salt och svartpeppar. Tillsätt resterande olivolja, kardemumma, kryddnejlika och kanel och använd händerna för att blanda allt väl. Hetta upp stekpannan igen och lägg ner kycklingen och kryddorna i den.

d) Bryn i 5 minuter på varje sida och ta ur pannan (detta är viktigt eftersom det delvis tillagar kycklingen). Kryddorna får stanna i pannan, men oroa dig inte om de fastnar på kycklingen.

e) Ta också bort det mesta av den återstående oljan, lämna bara en tunn hinna i botten. Tillsätt ris, karamelliserad lök, 1 tsk salt och mycket svartpeppar. Låt berberisen rinna av och lägg i dem också. Rör om väl och lägg tillbaka den stekta kycklingen i pannan, tryck in den i riset.

f) Häll det kokande vattnet över riset och kycklingen, täck pannan och koka på mycket låg värme i 30 minuter. Ta kastrullen från värmen, ta av locket, lägg snabbt en ren kökshandduk över kastrullen och förslut igen med locket. Låt rätten stå ostörd i ytterligare 10 minuter. Tillsätt till sist örterna och använd en gaffel för att röra i dem och fluffa upp riset. Smaka av och tillsätt mer salt och peppar om det behövs. Servera varm eller varm med yoghurt om du vill.

43. Nötköttbullar med Favabönor och citron

INGREDIENSER:
- 4½ msk olivolja
- 2⅓ koppar / 350 g favabönor, färska eller frysta
- 4 hela timjankvistar
- 6 vitlöksklyftor, skivade
- 8 salladslökar, skär i vinkel i ¾-tums / 2 cm segment
- 2½ msk färskpressad citronsaft
- 2 koppar / 500 ml kycklingfond
- salt och nymalen svartpeppar
- 1½ tsk varje hackad platt bladpersilja, mynta, dill och koriander, till slut

KÖTTBULLAR
- 10 oz / 300 g nötfärs
- 5 oz / 150 g malet lamm
- 1 medelstor lök, finhackad
- 1 kopp / 120 g brödsmulor
- 2 msk vardera hackad plattbladspersilja, mynta, dill och koriander
- 2 stora vitlöksklyftor, krossade
- 4 tsk baharat kryddblandning (köpt i butik eller se recept)
- 4 tsk mald spiskummin
- 2 tsk kapris, hackad
- 1 ägg, uppvispat

INSTRUKTIONER

a) Lägg alla köttbullarnas ingredienser i en stor mixerskål. Tillsätt ¾ tsk salt och mycket svartpeppar och blanda väl med händerna. Forma till bollar ungefär lika stora som pingisbollar. Hetta upp 1 msk av olivoljan på medelvärme i en extra stor stekpanna som du har lock till. Bryn hälften av köttbullarna, vänd dem tills de är bruna överallt, ca 5 minuter. Ta bort, tillsätt ytterligare 1½ teskedar av olivoljan i pannan och koka den andra satsen köttbullar. Ta bort från pannan och torka rent.

b) Medan köttbullarna kokar, släng favabönorna i en kastrull med mycket saltat kokande vatten och blanchera i 2 minuter. Låt rinna av och fräscha upp under kallt vatten. Ta bort skalet från hälften av favabönorna och kassera skalet.

c) Värm de återstående 3 msk olivolja på medelvärme i samma panna som du stekte köttbullarna i. Tillsätt timjan, vitlök och salladslök och fräs i 3 minuter. Tillsätt de oskalade favabönorna, 1½ msk citronsaft, ⅓ kopp / 80 ml av fonden, ¼ tsk salt och mycket svartpeppar. Bönorna ska vara nästan täckta med vätska. Täck pannan och koka på låg värme i 10 minuter.

d) Lägg tillbaka köttbullarna i stekpannan med favabönorna. Tillsätt resten av fonden, täck pannan och låt sjuda försiktigt i 25 minuter. Smaka av såsen och justera kryddningen. Om den är väldigt rinnig, ta av locket och reducera lite. När köttbullarna slutar tillagas kommer de att suga upp mycket av juicen, så se till att det fortfarande finns mycket sås vid det här laget. Du kan lämna köttbullarna nu, utanför värmen, tills de ska serveras.

e) Värm upp köttbullarna precis innan servering och tillsätt eventuellt lite vatten för att få tillräckligt med sås. Tillsätt de återstående örterna, den återstående 1 msk citronsaft och de skalade favabönorna och rör om mycket försiktigt. Servera omedelbart.

44. Lammköttbullar med berberis, yoghurt och örter

jag

INGREDIENSER:

- 1⅔ lb / 750 g malet lamm
- 2 medelstora lökar, fint hackade
- ⅔ oz / 20 g bladpersilja, finhackad
- 3 vitlöksklyftor, krossade
- ¾ tsk mald kryddpeppar
- ¾ tsk mald kanel
- 6 msk / 60 g berberis
- 1 stort frigående ägg
- 6½ msk / 100 ml solrosolja
- 1½ lb / 700 g banan eller andra stora schalottenlök, skalade
- ¾ kopp plus 2 msk / 200 ml vitt vin
- 2 koppar / 500 ml kycklingfond
- 2 lagerblad
- 2 timjankvistar
- 2 tsk socker
- 5 oz / 150 g torkade fikon
- 1 kopp / 200 g grekisk yoghurt
- 3 msk blandad mynta, koriander, dill och dragon, grovt riven
- salt och nymalen svartpeppar

INSTRUKTIONER

a) Lägg lamm, lök, persilja, vitlök, kryddpeppar, kanel, berberis, ägg, 1 tsk salt och ½ tsk svartpeppar i en stor skål. Blanda med händerna och rulla sedan till bollar ungefär lika stora som golfbollar.

b) Hetta upp en tredjedel av oljan på medelvärme i en stor tjockbottnad gryta som du har ett tättslutande lock till. Lägg i några köttbullar och koka och vänd runt dem i några minuter tills de får färg överallt. Ta ur grytan och ställ åt sidan. Koka resterande köttbullar på samma sätt.

c) Torka rent grytan och tillsätt den återstående oljan. Tillsätt schalottenlök och koka dem på medelvärme i 10 minuter, rör om ofta, tills de är gyllenbruna. Tillsätt vinet, låt bubbla i en minut eller två, tillsätt sedan kycklingfond, lagerblad, timjan, socker och lite salt och peppar. Ordna fikonen och köttbullarna bland och ovanpå schalottenlökarna; köttbullarna måste nästan täckas av vätska. Koka upp, täck med lock, sänk värmen till mycket låg och låt puttra i 30 minuter. Ta av locket och låt sjuda i ytterligare en timme tills såsen har reducerats och intensifierats i smak. Smaka av och tillsätt salt och peppar om det behövs.

d) Överför till ett stort, djupt serveringsfat. Vispa yoghurten, häll på toppen och strö över örterna.

45. Kornrisotto med marinerad fetaost

INGREDIENSER:

- 1 kopp / 200 g pärlkorn
- 2 msk / 30 g osaltat smör
- 6 msk / 90 ml olivolja
- 2 små selleristjälkar, skurna i 0,5 cm tärningar
- 2 små schalottenlök, skurna i 0,5 cm tärningar
- 4 vitlöksklyftor, skurna i 1/16-tums / 2 mm tärningar
- 4 timjankvistar
- ½ tsk rökt paprika
- 1 lagerblad
- 4 remsor citronskal
- ¼ tsk chiliflakes
- en 14-oz / 400 g burk hackade tomater
- 3 koppar / 700 ml grönsaksfond
- 1¼ koppar / 300 ml passata (siktade krossade tomater)
- 1 msk kumminfrön
- 10½ oz / 300 g fetaost, delad i ungefär 2 cm bitar
- 1 msk färska oreganoblad
- salt

INSTRUKTIONER

a) Skölj pärlkornet väl under kallt vatten och låt rinna av.

b) Smält smöret och 2 matskedar av olivoljan i en mycket stor stekpanna och koka selleri, schalottenlök och vitlök på svag värme i 5 minuter tills de är mjuka. Tillsätt korn, timjan, paprika, lagerblad, citronskal, chiliflakes, tomater, fond, passata och salt. Rör om för att kombinera.

c) Koka upp blandningen, reducera sedan till en mycket försiktig sjud och låt koka i 45 minuter, rör om ofta för att se till att risotton inte fastnar i botten av pannan. När det är klart ska kornet vara mört och det mesta av vätskan absorberas.

d) Rosta under tiden kumminfröna i en torr panna ett par minuter. Krossa dem sedan lätt så att några hela frön blir kvar. Tillsätt dem till fetaosten med de återstående 4 matskedar / 60 ml olivolja och blanda försiktigt för att kombinera.

e) När risotton är klar, kontrollera kryddningen och dela den sedan mellan fyra grunda skålar. Toppa var och en med den marinerade fetaosten, inklusive oljan, och ett stänk av oreganoblad.

46. Ugnsstekt kyckling med clementiner

INGREDIENSER:
- 6½ msk / 100 ml arak, ouzo eller Pernod
- 4 msk olivolja
- 3 msk färskpressad apelsinjuice
- 3 msk färskpressad citronsaft
- 2 msk senap
- 3 msk ljust farinsocker
- 2 medelstora fänkålslökar (1 lb / 500 g totalt)
- 1 stor ekologisk eller frigående kyckling, ca 2¾ lb / 1,3 kg, uppdelad i 8 bitar, eller samma vikt i kycklinglår med skinn och ben
- 4 klementiner, oskalade (14 oz / totalt 400 g), skurna horisontellt i ¼-tums / 0,5 cm skivor
- 1 msk timjanblad
- 2½ tsk fänkålsfrön, lätt krossade
- salt och nymalen svartpeppar
- hackad plattbladspersilja, till garnering

INSTRUKTIONER
a) Lägg de första sex ingredienserna i en stor mixerskål och tillsätt 2½ tsk salt och 1½ tsk svartpeppar. Vispa väl och ställ åt sidan.
b) Putsa fänkålen och skär varje glödlampa på mitten på längden. Skär varje halva i 4 klyftor. Tillsätt fänkålen till vätskorna, tillsammans med kycklingbitarna, clementinskivorna, timjan och fänkålsfrön. Rör om ordentligt med händerna och låt sedan marinera i kylen några timmar eller över natten (det går också bra att hoppa över marineringsstadiet om du är tidspressad).
c) Värm ugnen till 475°F / 220°C. Överför kycklingen och dess marinad till ett bakplåtspapper som är tillräckligt stort för att rymma allt bekvämt i ett enda lager (ungefär en 12 x 14½-tums panna på 30 x 37 cm); kycklingskinnet ska vara uppåt. När ugnen är tillräckligt varm, sätt in pannan i ugnen och stek i 35 till 45 minuter, tills kycklingen missfärgats och genomstekt. Ta bort från ugnen.
d) Lyft upp kycklingen, fänkålen och clementinerna från pannan och lägg upp på serveringsfat; täck och håll varmt.
e) Häll matlagningsvätskan i en liten kastrull, ställ över medelhög värme, låt koka upp och låt sjuda tills såsen reduceras med en tredjedel, så du har kvar cirka ⅓ kopp / 80 ml.
f) Häll den heta såsen över kycklingen, garnera med lite persilja och servera.

47. Mejadra

INGREDIENSER:

- 1¼ koppar / 250 g gröna eller bruna linser
- 4 medelstora lökar (1½ lb / 700 g före skalning)
- 3 msk universalmjöl
- ca 1 kopp / 250 ml solrosolja
- 2 tsk spiskummin
- 1½ msk korianderfrön
- 1 kopp / 200 g basmatiris
- 2 msk olivolja
- ½ tsk mald gurkmeja
- 1½ tsk mald kryddpeppar
- 1½ tsk mald kanel
- 1 tsk socker
- 1½ koppar / 350 ml vatten
- salt och nymalen svartpeppar

INSTRUKTIONER

a) Lägg linserna i en liten kastrull, täck med mycket vatten, koka upp och koka i 12 till 15 minuter, tills linserna har mjuknat men fortfarande har en liten bit. Häll av och ställ åt sidan.

b) Skala löken och skiva tunt. Lägg på en stor platt tallrik, strö över mjölet och 1 tsk salt och blanda väl med händerna. Hetta upp solrosoljan i en medeltjockbottnad kastrull placerad på hög värme. Se till att oljan är varm genom att slänga i en liten bit lök; det ska fräsa kraftigt. Sänk värmen till medelhög och tillsätt försiktigt (det kan spottas!) en tredjedel av den skivade löken. Stek i 5 till 7 minuter, rör om då och då med en hålslev, tills löken får en fin gyllenbrun färg och blir krispig (justera temperaturen så att löken inte steker för snabbt och bränns). Använd sked för att överföra löken till ett durkslag klätt med hushållspapper och strö över lite mer salt. Gör samma sak med de andra två satserna av lök; tillsätt lite extra olja om det behövs.

c) Torka rent kastrullen som du stekt löken i och lägg i spiskummin och korianderfröna. Sätt på medelvärme och rosta fröna i en minut eller två. Tillsätt ris, olivolja, gurkmeja, kryddpeppar, kanel, socker, ½ tesked salt och mycket svartpeppar. Rör om så att riset täcks med oljan och tillsätt sedan de kokta linserna och vattnet. Koka upp, täck med lock och låt sjuda på mycket låg värme i 15 minuter.

d) Ta av från värmen, lyft av locket och täck snabbt pannan med en ren kökshandduk. Förslut tätt med lock och ställ åt sidan i 10 minuter.

e) Tillsätt till sist hälften av den stekta löken till riset och linserna och rör om försiktigt med en gaffel. Lägg blandningen i en grund serveringsskål och toppa med resten av löken.

48. Couscous med tomat och lök

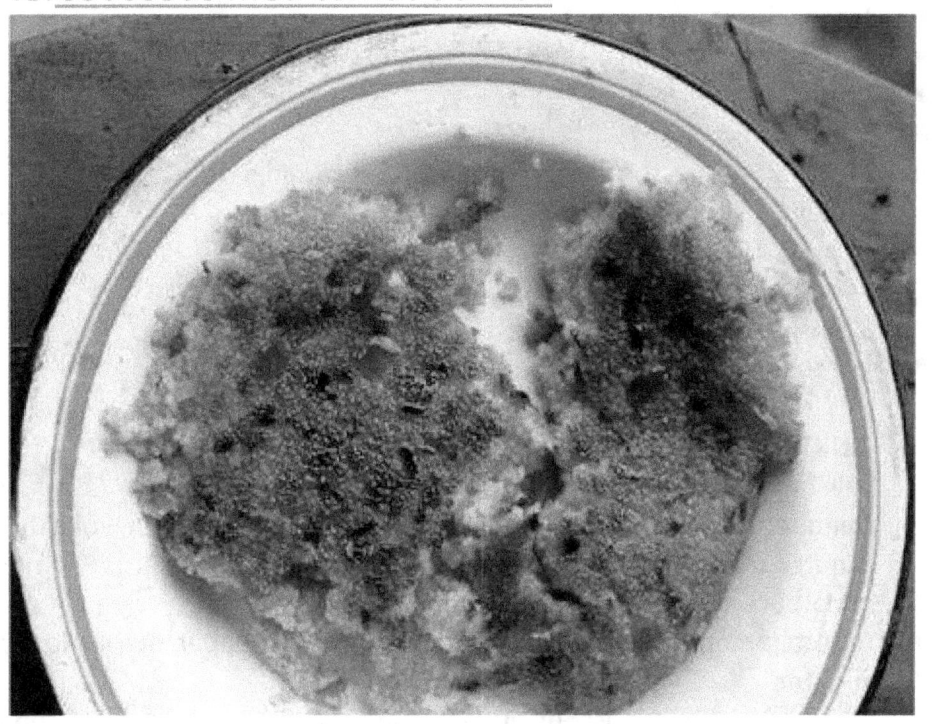

INGREDIENSER:
- 3 msk olivolja
- 1 medelstor lök, finhackad (1 kopp / 160 g totalt)
- 1 msk tomatpuré
- ½ tsk socker
- 2 mycket mogna tomater, skurna i 0,5 cm tärningar (1¾ koppar / 320 g totalt)
- 1 kopp / 150 g couscous
- 1 kopp / 220 ml kokande kyckling- eller grönsaksfond
- 2½ msk / 40 g osaltat smör
- salt och nymalen svartpeppar

INSTRUKTIONER

a) Häll 2 matskedar av olivoljan i en nonstick-panna ca 8½ tum / 22 cm i diameter och ställ över medelvärme. Tillsätt löken och koka i 5 minuter, rör ofta, tills den har mjuknat men inte fått färg. Rör ner tomatpuré och socker och koka i 1 minut.

b) Tillsätt tomaterna, ½ tesked salt och lite svartpeppar och koka i 3 minuter.

c) Lägg under tiden couscousen i en grund skål, häll över den kokande fonden och täck med plastfolie. Ställ åt sidan i 10 minuter, ta sedan av locket och fluffa couscousen med en gaffel. Tillsätt tomatsåsen och rör om väl.

d) Torka rent pannan och värm smöret och den återstående 1 msk olivolja på medelvärme. När smöret har smält, häll ner couscousen i pannan och använd baksidan av skeden för att klappa ner den försiktigt så att allt packas ordentligt.

e) Täck pannan, sänk värmen till den lägsta inställningen och låt couscousen ånga i 10 till 12 minuter, tills du kan se en ljusbrun färg runt kanterna. Använd en förskjuten spatel eller en kniv för att hjälpa dig att titta mellan kanten på couscousen och sidan av pannan: du vill ha en riktigt skarp kant över hela botten och sidorna.

f) Vänd upp en stor tallrik ovanpå pannan och vänd snabbt upp pannan och tallriken tillsammans, släpp couscousen på tallriken. Servera varm eller i rumstemperatur.

SOPPAR

49. Rostad morotssoppa med Dukkah Spice

INGREDIENSER:

- 1/2 kopp osaltade, skalade råa naturliga pistagenötter
- 2 msk sesamfrön
- 2 tsk korianderfrön
- 2 tsk spiskummin
- 1/2 tsk fänkålsfrön
- 1/4 tsk hela svartpepparkorn
- 2 tsk kosher salt, plus mer efter smak
- 2 tsk gurkmeja
- 1/2 tsk kanel
- 1/2 tsk muskot, nyriven
- 2 tsk spiskummin, nymalen
- 1 tsk Omani (malen citron)
- 1/4 kopp äppelcidervinäger
- 2 pund morötter, skalade, skurna i 1/2-tums månar
- 1 stor gul lök, skalad, skuren i 1/4-tums skivor
- 8 vitlöksklyftor, skalade
- 4-8 matskedar osaltat smör, smält
- Nymalen svartpeppar, efter smak
- 6 dl kycklingbuljong
- Helfet vanlig grekisk yoghurt, till garnering
- Koriander, grovt hackad, till garnering

INSTRUKTIONER:

Förbered Dukkah kryddblandning:

a) Rosta pistagenötter i torr stekpanna på medelhög värme tills de är gyllenbruna. Överför till en liten tallrik och låt svalna.

b) Tillsätt sesamfrön, korianderfrön, spiskummin, fänkålsfrön och pepparkorn i samma stekpanna. Rosta tills det doftar, överför sedan till tallriken med nötter och låt svalna.

c) Överför nöt- och kryddblandningen tillsammans med 1 tsk salt till en matberedare eller mortel och mortelstöt. Grovmala för att göra Dukkah-kryddblandningen. Detta kan göras i förväg och förvaras lufttätt i rumstemperatur.

Rosta grönsakerna:

d) Värm ugnen till 425°F.

e) Lägg morötter, lök och vitlök på en kantad bakplåt. Ringla över smält smör, smaka av med salt och peppar och rör om.

f) Rosta i cirka 25 minuter tills löken börjar få färg. Ta bort lök och vitlök. Fortsätt att rosta morötterna i ytterligare 10-20 minuter tills de är mjuka och börjar få färg.

Förbered soppan:

g) I en stor gryta, kombinera rostad lök och vitlök med 1 matsked smör, salt och peppar.

h) Tillsätt 3 matskedar äppelcidervinäger och koka tills det är reducerat, cirka 3-5 minuter, rör om då och då.

i) Tillsätt kycklingfond, gurkmeja, kanel, spiskummin, muskotnöt och Omani. Låt koka upp och tillsätt de rostade morötterna. Sjud i cirka 30 minuter tills morötterna är mjuka.

j) Använd en stavmixer eller mixer för att puréa soppan tills den är slät.

k) Häll soppan i en medelstor kastrull och låt sjuda på medelvärme. Krydda med salt och peppar.

l) Fördela den varma soppan mellan skålar.

m) Häll en klick yoghurt i mitten av varje skål.

n) Strö över Dukkah kryddblandning och garnera med färsk koriander.

50.Marak Samak (omansk fisksoppa)

INGREDIENSER:
- 500 g vita fiskfiléer, skurna i bitar
- 1 lök, finhackad
- 2 tomater, tärnade
- 2 vitlöksklyftor, hackade
- 1 tsk mald gurkmeja
- 1 tsk malen spiskummin
- 1 tsk mald koriander
- 1/4 kopp hackad koriander
- 1 citron, saftad
- Salta och peppra efter smak

INSTRUKTIONER:
a) Fräs lök och vitlök i en kastrull tills den mjuknat.
b) Tillsätt tomater, gurkmeja, spiskummin och koriander. Koka tills tomaterna är mjuka.
c) Häll i tillräckligt med vatten för att täcka ingredienserna. Låt koka upp.
d) Tillsätt försiktigt fiskbitar och koka tills fisken är ogenomskinlig och genomstekt.
e) Rör ner koriander, citronsaft, salt och peppar. Servera varm.

51.Shorbat Adas (omansk linssoppa)

INGREDIENSER:
- 1 dl röda linser, tvättade
- 1 lök, hackad
- 2 morötter, tärnade
- 2 tomater, tärnade
- 2 vitlöksklyftor, hackade
- 1 tsk malen spiskummin
- 1 tsk mald koriander
- 1/2 tsk mald gurkmeja
- 6 dl grönsaks- eller kycklingbuljong
- Olivolja att ringla över
- Salta och peppra efter smak

INSTRUKTIONER:
a) Fräs lök och vitlök i en kastrull tills det blir genomskinligt.
b) Tillsätt morötter, tomater, linser, spiskummin, koriander och gurkmeja. Blanda väl.
c) Häll i buljongen och låt koka upp. Sänk värmen och låt puttra tills linserna är mjuka.
d) Krydda med salt och peppar. Ringla över olivolja före servering.

52.Shorbat Khodar (omansk grönsakssoppa)

INGREDIENSER:

- 1 lök, hackad
- 2 morötter, tärnade
- 2 zucchini, tärnade
- 1 potatis, tärnad
- 1/2 kopp gröna bönor, hackade
- 1/4 kopp linser
- 1 tsk malen spiskummin
- 1 tsk mald koriander
- 6 dl grönsaksbuljong
- Färsk persilja, hackad (för garnering)
- Olivolja att ringla över
- Salta och peppra efter smak

INSTRUKTIONER:

a) Fräs löken i en kastrull tills den är genomskinlig.
b) Tillsätt morötter, zucchini, potatis, gröna bönor, linser, spiskummin och koriander. Blanda väl.
c) Häll i grönsaksbuljongen och låt koka upp. Sänk värmen och låt sjuda tills grönsakerna är mjuka.
d) Krydda med salt och peppar. Garnera med färsk persilja och ringla över olivolja före servering.

53.Lime Kycklingsoppa

INGREDIENSER:
- 2 matskedar olivolja
- ½ gul eller vit lök finhackad
- 2 hackade vitlöksklyftor
- 5 dl kycklingfond med låg natriumhalt
- 4 torkade persiska limefrukter
- 2 msk gurkmeja
- 1 kopp basmatiris
- 13 uns burk kikärter sköljda
- 1 kopp kokt strimlad kyckling
- Malen svartpeppar
- Persiljeblad hackade, till garnering

INSTRUKTIONER:
a) Sätt en holländsk ugn på medelvärme och ringla över olivolja och fräs den hackade löken i 4-5 minuter tills den är mjuk. Tillsätt vitlök och fräs ytterligare en minut.
b) Häll i kycklingfond och tillsätt torkad lime, gurkmeja, basmatiris och kikärter och koka tills riset är mört, cirka 15 minuter.
c) Tillsätt strimlad kyckling och fortsätt att koka på låg nivå tills kycklingen är genomvärmd.
d) Ta bort torkade limefrukter och kassera före servering. Häll soppan i skålar och garnera med hackad persilja och mald svartpeppar.

54. Harira (omansk kryddad kikärtssoppa)

INGREDIENSER:
- 1 dl torkade kikärter, blötlagda över natten
- 1 lök, finhackad
- 2 tomater, tärnade
- 2 msk tomatpuré
- 1/2 dl linser
- 2 vitlöksklyftor, hackade
- 1 tsk mald kanel
- 1 tsk malen spiskummin
- 1/2 tsk mald gurkmeja
- Salta och peppra efter smak
- 6 dl kyckling- eller grönsaksbuljong
- 2 matskedar vegetabilisk olja
- Färsk koriander till garnering

INSTRUKTIONER:
a) Värm vegetabilisk olja på medelvärme i en stor gryta. Tillsätt hackad lök och hackad vitlök, fräs tills den mjuknat.
b) Tillsätt kikärter, linser, tomater och tomatpuré. Koka i 5 minuter.
c) Tillsätt kanel, spiskummin, gurkmeja, salt och peppar. Blanda väl.
d) Häll i buljongen och låt koka upp. Sänk värmen och låt sjuda tills kikärtorna är mjuka.
e) Justera krydda och servera varm, garnerad med färsk koriander.

55.Shorbat Hab (omansk lins- och kornsoppa)

INGREDIENSER:

- 1 kopp gröna eller bruna linser, tvättade och avrunna
- 1/2 kopp pärlkorn, sköljt
- 1 lök, finhackad
- 2 tomater, tärnade
- 2 morötter, tärnade
- 2 stjälkar selleri, hackade
- 2 vitlöksklyftor, hackade
- 1 tsk mald gurkmeja
- 1 tsk malen spiskummin
- Salta och peppra efter smak
- 6 dl kyckling- eller grönsaksbuljong
- 2 matskedar vegetabilisk olja
- Citronklyftor till servering

INSTRUKTIONER:

a) Värm vegetabilisk olja på medelvärme i en stor gryta. Tillsätt hackad lök och hackad vitlök, fräs tills det blir genomskinligt.

b) Tillsätt linser, korn, tomater, morötter, selleri, gurkmeja, spiskummin, salt och peppar. Koka i 5 minuter.

c) Häll i buljongen och låt koka upp. Sänk värmen och låt sjuda tills linser och korn är mjuka.

d) Justera kryddningen och servera varm med en klyfta citron.

56.Oman Grönsak Shurbah

INGREDIENSER:

- 2 matskedar vegetabilisk olja
- 1 lök, finhackad
- 2 morötter, skalade och tärnade
- 2 potatisar, skalade och tärnade
- 1 zucchini, tärnad
- 1 dl gröna bönor, hackade
- 2 tomater, tärnade
- 3 vitlöksklyftor, hackade
- 1 tsk malen spiskummin
- 1 tsk mald koriander
- 1 tsk mald gurkmeja
- Salta och peppra efter smak
- 6 dl grönsaksbuljong
- 1/2 kopp vermicelli eller liten pasta
- Färsk persilja till garnering

INSTRUKTIONER:

a) Värm vegetabilisk olja på medelvärme i en stor gryta. Tillsätt hackad lök och hackad vitlök, fräs tills den mjuknat.

b) Tillsätt tärnade morötter, potatis, zucchini, gröna bönor och tomater i grytan. Koka i ca 5 minuter, rör om då och då.

c) Strö mald spiskummin, koriander, gurkmeja, salt och peppar över grönsakerna. Rör om väl för att täcka grönsakerna med kryddorna.

d) Häll i grönsaksbuljongen och låt blandningen koka upp. När det kokar, sänk värmen till ett puttrande och låt det koka i cirka 15-20 minuter eller tills grönsakerna är mjuka.

e) Tillsätt vermicelli eller liten pasta i grytan och koka enligt anvisningarna på förpackningen tills den är al dente.

f) Justera kryddningen om det behövs och låt soppan puttra i ytterligare 5 minuter så att smakerna smälter samman.

g) Servera varm, garnerad med färsk persilja.

57.Omansk tomatfisksoppa

INGREDIENSER:
- 1 medelstor chilipeppar
- 1 matsked vegetabilisk olja
- 2 vitlöksklyftor, fint hackade
- 4 koppar vatten
- 1 påse Kycklingnudlesoppa
- 1 medelstor tomat, tärnad
- 300g kungsfiskfilé, skuren i små tärningar
- 1 msk färsk persilja

INSTRUKTIONER:
a) I en medelstor kastrull, fräs chili och vitlök i vegetabilisk olja tills de är mjuka.
b) Tillsätt vatten och låt koka upp.
c) Tillsätt kycklingsoppa, tärnad tomat och fiskbitar.
d) Sjud på medelvärme i 5 minuter, eller tills soppan tjocknar och fisken är helt genomstekt.
e) Servera soppan med färsk persilja och citronklyftor.

58. Oman-Balochi citronfiskcurry (Paplo)

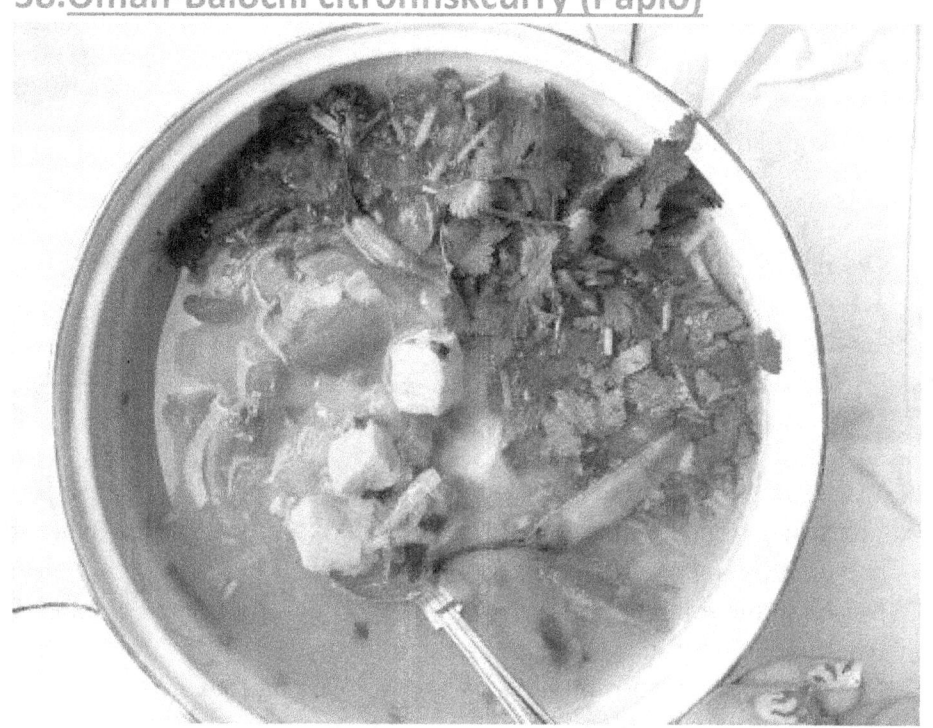

INGREDIENSER:

- 1 msk vitlök
- 2 lökar, tärnade små
- 650 g svärdfisk (eller alternativ, hackad i små bitar)
- 1 msk gurkmeja
- 2 medelstora tomater, i fjärdedelar
- Salt att smaka
- 80 ml citronsaft (ungefär 2,5 citroner)
- 1,5 liter vatten
- 1/2 tsk Baharat
- 2 färska gröna chili, grovt hackade
- Litet knippe färsk koriander (ca 30-40g), finhackad

INSTRUKTIONER:

a) I en stor panna, kombinera vatten, vitlök, lök, chili, tomater, Baharat och gurkmeja. Koka upp.
b) När blandningen börjar bubbla, tillsätt den hackade fisken i pannan.
c) Sjud blandningen tills fisken är helt genomstekt.
d) Tillsätt salt och citronsaft och fortsätt att sjuda på låg värme i cirka 10 minuter, låt blandningen avdunsta något ett par centimeter.
e) Innan servering, rör ner den finhackade färska koriandern.

59. Vattenkrasse och kikärtssoppa med rosenvatten

INGREDIENSER:

- 2 medelstora morötter (9 oz / 250 g totalt), skurna i tärningar på ¾ tum / 2 cm
- 3 msk olivolja
- 2½ tsk ras el hanout
- ½ tsk mald kanel
- 1½ koppar / 240 g kokta kikärter, färska eller konserverade
- 1 medelstor lök, tunt skivad
- 2½ msk / 15 g skalad och finhackad färsk ingefära
- 2½ koppar / 600 ml grönsaksfond
- 7 oz / 200 g vattenkrasse
- 3½ oz / 100 g spenatblad
- 2 tsk superfint socker
- 1 tsk rosenvatten
- salt
- Grekisk yoghurt, att servera (valfritt)
- Värm ugnen till 425°F / 220°C.

INSTRUKTIONER

a) Blanda morötterna med 1 msk olivolja, ras el hanout, kanel och en rejäl nypa salt och bred ut platt i en långpanna klädd med bakplåtspapper. Sätt in i ugnen i 15 minuter, tillsätt sedan hälften av kikärtorna, rör om väl och koka i ytterligare 10 minuter, tills moroten mjuknar men fortfarande har en bit.

b) Lägg under tiden löken och ingefäran i en stor kastrull. Fräs med den återstående olivoljan i cirka 10 minuter på medelvärme, tills löken är helt mjuk och gyllene. Tillsätt resterande kikärter, fond, vattenkrasse, spenat, socker och ¾ tsk salt, rör om väl och låt koka upp. Koka i en minut eller två, bara tills bladen vissnar.

c) Använd en matberedare eller mixer och mixa soppan tills den är slät. Tillsätt rosenvattnet, rör om, smaka av och tillsätt mer salt eller rosenvatten om du vill. Ställ åt sidan tills moroten och kikärtorna är klara, värm sedan upp för servering.

d) För att servera, dela soppan mellan fyra skålar och toppa med den varma moroten och kikärtorna och, om du vill, cirka 2 tsk yoghurt per portion.

60. Varm yoghurt och kornsoppa

INGREDIENSER:
- 6¾ koppar / 1,6 liter vatten
- 1 kopp / 200 g pärlkorn
- 2 medelstora lökar, fint hackade
- 1½ tsk torkad mynta
- 4 msk / 60 g osaltat smör
- 2 stora ägg, vispade
- 2 koppar / 400 g grekisk yoghurt
- ⅔ oz / 20 g färsk mynta, hackad
- ⅓ oz / 10 g plattbladig persilja, hackad
- 3 salladslökar, tunt skivade
- salt och nymalen svartpeppar

INSTRUKTIONER

a) Koka upp vattnet med kornet i en stor kastrull, tillsätt 1 tsk salt och låt sjuda tills kornet är kokt men fortfarande al dente, 15 till 20 minuter. Ta bort från värmen. När den är tillagad behöver du 4¾ koppar / 1,1 liter av matlagningsvätskan till soppan; fyll på med vatten om du har mindre på grund av avdunstning.

b) Medan kornet kokar, fräs löken och den torkade myntan på medelvärme i smöret tills det är mjukt, cirka 15 minuter. Tillsätt detta till det kokta kornet.

c) Vispa ihop ägg och yoghurt i en stor värmesäker bunke. Blanda långsamt i lite av kornet och vattnet, en slev i taget, tills yoghurten har blivit varm. Detta kommer att temperera yoghurten och äggen och hindra dem från att spjälka när de läggs till den varma vätskan.

d) Tillsätt yoghurten i soppgrytan och återgå till medelhög värme under konstant omrörning tills soppan får en mycket lätt sjud. Ta av från värmen, tillsätt de hackade örterna och salladslöken och kontrollera smaksättningen.

e) Servera varm.

SALADER

61.Omansk skaldjurssallad

INGREDIENSER:
FÖR SALLAD:
- 500g hajkött, kokt och tärnad
- 1 dl gurka, tärnad
- 1 dl tomater, tärnade
- 1/2 dl rödlök, finhackad
- 1/4 kopp färsk koriander, hackad
- 1/4 kopp färsk mynta, hackad
- 1 grön chili, finhackad (anpassa efter smak)
- Salta och peppra efter smak

FÖR KLÄNINGEN:
- 3 matskedar olivolja
- 2 msk citronsaft
- 1 tsk malen spiskummin
- 1 tsk mald koriander
- Salta och peppra efter smak

INSTRUKTIONER:
a) Se till att hajköttet är genomstekt. Du kan grilla, baka eller pochera den. När den är kokt, låt den svalna och skär den sedan i lagom stora bitar.
b) I en stor skål, kombinera tärnat hajkött, gurka, tomater, rödlök, koriander, mynta och grön chili.

GÖR DRESSINGEN:
c) I en liten skål, vispa ihop olivolja, citronsaft, mald spiskummin, mald koriander, salt och peppar.

SAMLA SALLAD:
d) Häll dressingen över salladsingredienserna och rör försiktigt tills allt är väl täckt.
e) Kyl salladen i minst 30 minuter så att smakerna smälter samman.
f) Innan servering, ge salladen en sista släng. Justera salt och peppar om det behövs.
g) Servera den Omani-inspirerade hajsalladen kyld.

62.Omansk tomat och gurksallad

INGREDIENSER:
- 4 tomater, tärnade
- 2 gurkor, tärnade
- 1 rödlök, finhackad
- 1 grön chili, finhackad
- Färsk koriander, hackad
- Saften av 2 citroner
- Salta och peppra efter smak

INSTRUKTIONER:
a) Kombinera tomater, gurka, rödlök, grön chili och koriander i en skål.
b) Tillsätt citronsaft, salt och peppar. Kasta för att kombinera.
c) Ställ i kylen en timme innan servering.

63. Omansk spenat och granatäppelsallad

INGREDIENSER:
- 4 dl färska spenatblad
- 1 kopp granatäpplekärnor
- 1/2 dl fetaost, smulad
- 1/4 kopp valnötter, hackade
- Olivolja
- Balsamvinäger
- Salta och peppra efter smak

INSTRUKTIONER:
a) Lägg spenatbladen på ett serveringsfat.
b) Strö granatäpplekärnor, fetaost och hackade valnötter över spenaten.
c) Ringla över olivolja och balsamvinäger.
d) Krydda med salt och peppar. Kasta försiktigt innan servering.

64.Omansk kikärtssallad (Salatat Hummus)

INGREDIENSER:
- 2 dl kokta kikärter
- 1 gurka, tärnad
- 1 tomat, tärnad
- 1/2 rödlök, finhackad
- 1/4 kopp hackad färsk mynta
- 1/4 kopp hackad färsk persilja
- Saften av 1 citron
- 2 matskedar olivolja
- Salta och peppra, efter smak

INSTRUKTIONER:
a) I en skål, kombinera kikärter, gurka, tomat, rödlök, mynta och persilja.
b) Ringla över citronsaft och olivolja.
c) Krydda med salt och peppar.
d) Rör ihop salladen väl och servera kyld.

65.Oman Tabbouleh sallad

INGREDIENSER:
- 1 kopp bulgurvete, blötlagt i varmt vatten i 1 timme
- 2 dl färsk persilja, finhackad
- 1 dl färska myntablad, fint hackade
- 4 tomater, fint tärnade
- 1 gurka, fint tärnad
- 1/2 dl rödlök, finhackad
- Saft av 3 citroner
- Olivolja
- Salta och peppra efter smak

INSTRUKTIONER:
a) Häll av blötlagd bulgur och lägg den i en stor skål.
b) Tillsätt hackad persilja, mynta, tomater, gurka och rödlök.
c) I en liten skål, vispa ihop citronsaft och olivolja. Häll över salladen.
d) Krydda med salt och peppar. Rör om väl och ställ i kylen i minst 30 minuter innan servering.

66. Omansk Fattoush-sallad

INGREDIENSER:

- 2 koppar blandad grönsallad (sallad, ruccola, radicchio)
- 1 gurka, tärnad
- 2 tomater, tärnade
- 1 röd paprika, hackad
- 1/2 dl rädisor, skivade
- 1/4 kopp färska myntablad, hackade
- 1/4 kopp färsk persilja, hackad
- 1/4 kopp olivolja
- Saften av 1 citron
- 1 tsk sumak
- Salta och peppra efter smak
- Pitabröd, rostat och sönderdelat i bitar

INSTRUKTIONER:

a) I en stor skål, kombinera grönsallad, gurka, tomater, paprika, rädisor, mynta och persilja.
b) I en liten skål, vispa ihop olivolja, citronsaft, sumak, salt och peppar.
c) Häll dressingen över salladen och blanda ihop.
d) Toppa med rostade pitabrödsbitar innan servering.

67.Omansk blomkål, bönor och rissallad

INGREDIENSER:
FÖR SALLAD:
- 1 kopp kokt basmatiris, kylt
- 1 litet blomkålshuvud, skuren i buketter
- 1 burk (15 oz) kidneybönor, avrunna och sköljda
- 1/2 kopp hackad färsk persilja
- 1/4 kopp hackade färska myntablad
- 1/4 kopp skivad salladslök

FÖR KLÄNINGEN:
- 3 matskedar olivolja
- 2 msk citronsaft
- 1 tsk malen spiskummin
- 1 tsk mald koriander
- Salta och peppra efter smak

INSTRUKTIONER:
a) Värm ugnen till 400°F (200°C).
b) Kasta blomkålsbuketter med lite olivolja, salt och peppar.
c) Bred ut dem på en plåt och rosta i ca 20-25 minuter eller tills de är gyllenbruna och mjuka. Låt den svalna.
d) Koka basmatiriset enligt anvisningarna på förpackningen. När den är kokt, låt den svalna till rumstemperatur.
e) I en liten skål, vispa ihop olivolja, citronsaft, mald spiskummin, mald koriander, salt och peppar. Anpassa kryddningen efter din smak.
f) I en stor salladsskål, kombinera det kylda riset, rostad blomkål, kidneybönor, hackad persilja, hackad mynta och skivad salladslök.
g) Häll dressingen över salladsingredienserna och rör försiktigt tills allt är väl täckt.
h) Kyl salladen i minst 30 minuter innan servering så att smakerna smälter samman.
i) Servera kyld och garnera med ytterligare färska örter om så önskas.

68.Omansk dadel och valnötssallad

INGREDIENSER:
- 1 kopp blandad grönsallad
- 1 dl dadlar, urkärnade och hackade
- 1/2 dl valnötter, hackade
- 1/4 kopp fetaost, smulad
- Balsamvinägrettdressing

INSTRUKTIONER:
a) Ordna grönsallad på ett serveringsfat.
b) Strö hackade dadlar, valnötter och smulad fetaost över grönsakerna.
c) Ringla över balsamvinägrettdressing.
d) Kasta försiktigt innan servering.

69.Omansk morot och apelsinsallad

INGREDIENSER:
- 4 koppar strimlade morötter
- 2 apelsiner, skalade och segmenterade
- 1/4 kopp russin
- 1/4 kopp hackade pistagenötter
- Orange vinägrettdressing

INSTRUKTIONER:
a) I en stor skål, kombinera strimlade morötter, apelsinsegment, russin och pistagenötter.
b) Ringla över apelsinvinägrettdressing.
c) Rör om väl och ställ i kylen i minst 30 minuter innan servering.

70.Omansk Quinoasallad

INGREDIENSER:
- 1 kopp kokt quinoa
- 1 dl körsbärstomater, halverade
- 1 gurka, tärnad
- 1/2 dl fetaost, smulad
- 1/4 kopp Kalamata oliver, skivade
- Färsk oregano, hackad
- Olivolja
- rödvinsvinäger
- Salta och peppra efter smak

INSTRUKTIONER:
a) I en stor skål, kombinera kokt quinoa, körsbärstomater, gurka, fetaost, oliver och färsk oregano.
b) Ringla över olivolja och rödvinsvinäger.
c) Krydda med salt och peppar. Kasta försiktigt innan servering.

71.Omansk rödbets- och yoghurtsallad

INGREDIENSER:
- 2 medelstora rödbetor, kokta och tärnade
- 1 kopp yoghurt
- 2 vitlöksklyftor, hackade
- Salt att smaka
- Hackade myntablad till garnering

INSTRUKTIONER:
a) Blanda tärnade rödbetor och yoghurt i en skål.
b) Tillsätt hackad vitlök och salt, rör om väl.
c) Garnera med hackade myntablad.
d) Kyl ner innan servering.

72.Omansk kålsallad

INGREDIENSER:
- 1 liten vitkål, finstrimlad
- 1 morot, riven
- 1/2 kopp majonnäs
- 1 matsked vit vinäger
- 1 matsked socker
- Salta och peppra, efter smak

INSTRUKTIONER:
a) I en stor skål, kombinera strimlad vitkål och riven morot.
b) Blanda majonnäs, vit vinäger, socker, salt och peppar i en separat skål för att göra dressingen.
c) Häll dressingen över kålblandningen och rör tills den är väl täckt.
d) Kyl ner innan servering.

73.Omansk linssallad (Salatat-annonser)

INGREDIENSER:
- 1 dl kokta bruna linser
- 1 gurka, tärnad
- 1 tomat, tärnad
- 1 rödlök, finhackad
- Färsk koriander, hackad
- Olivolja
- Citron juice
- Mald kummin
- Salta och peppra, efter smak

INSTRUKTIONER:
a) I en skål, kombinera kokta linser, tärnad gurka, tärnad tomat och hackad rödlök.
b) Ringla över olivolja och citronsaft.
c) Strö över malen spiskummin, färsk koriander, salt och peppar.
d) Rör ihop salladen försiktigt och servera kyld.

EFTERRÄTT

74.Omansk rosvattenpudding (Mahalabiya)

INGREDIENSER:
- 1/2 kopp rismjöl
- 4 koppar mjölk
- 1 kopp socker
- 1 tsk rosenvatten
- Hackade pistagenötter till garnering

INSTRUKTIONER:
a) I en skål, lös rismjöl i en liten mängd mjölk för att skapa en slät pasta.
b) Värm resten av mjölken och sockret på medelvärme i en kastrull.
c) Tillsätt rismjölsmassan i kastrullen, rör hela tiden tills blandningen tjocknar.
d) Ta bort från värmen och rör ner rosenvatten.
e) Häll blandningen i serveringsfat och låt den svalna.
f) När den stelnat, kyl tills den är kall.
g) Garnera med hackade pistagenötter innan servering.

75. Oman Halwa (Sweet Jelly Dessert)

INGREDIENSER:

- 1/2 kopp majsmjöl
- 2 koppar vatten
- 1 kopp strösocker
- 2 msk cashewnötter, hackade (eller mandel eller pistagenötter)
- 1 msk smör
- 1/4 tsk mald kardemumma
- 2 nypor rosenvatten
- 1 nypa saffranstrådar

INSTRUKTIONER:

a) Blanda majsmjöl (1/2 kopp) i vatten (2 koppar) och ställ åt sidan.
b) I en tjockbottnad panna, karamellisera Caster Sugar (1 kopp). Minska lågan och tillsätt det maizenamjölsblandade vattnet. Till en början kan det karamelliserade sockret bli hårt, men det smälter och blir en slät vätska när det värms upp.
c) Rör hela tiden för att undvika klumpar. När blandningen tjocknar, tillsätt hackade cashewnötter (2 msk), smör (1 msk), mald kardemumma (1/4 tsk), rosenvatten (2 nypor) och saffranstrådar (1 nypa).
d) Låt blandningen bli tjock och tills den börjar lämna sidorna av pannan.
e) Stäng av lågan. Halwaen kanske inte stelnar direkt, men den kommer att tjockna när den svalnar.

76.Oman Mushaltat

INGREDIENSER:
FÖR DEGEN:
- 4 koppar universalmjöl
- 1 tsk salt
- 1 matsked socker
- 1 tsk Bakpulver
- 1 kopp varmt vatten
- 1/2 kopp mjölk
- 2 matskedar Ghee, smält

FÖR FYLLNING:
- 2 koppar vit ost (som Akkawi eller Halloumi), strimlad
- 1 kopp färsk persilja, hackad
- 1/2 kopp salladslök, hackad
- 1/2 kopp färsk koriander, hackad
- 1/2 kopp färsk mynta, hackad
- 1/2 kopp fetaost, smulad
- 1 tsk svarta sesamfrön (valfritt, för garnering)

FÖR BORSTNING:
- 2 matskedar Ghee, smält

INSTRUKTIONER:
FÖRBERED DEGEN:
a) I en stor blandningsskål, kombinera allsidigt mjöl, salt, socker och bakpulver.
b) Tillsätt gradvis varmt vatten och mjölk till de torra ingredienserna, blanda kontinuerligt.
c) Knåda degen tills den blir smidig och elastisk.
d) Häll smält ghee över degen och fortsätt att knåda tills den är väl integrerad.
e) Täck degen med en fuktig duk och låt vila ca 1 timme.

FÖRBEREDA FYLLNINGEN:
f) Blanda i en separat skål riven vit ost, färsk persilja, salladslök, koriander, mynta och smulad fetaost.

MONTERA MUSHALTAT:
g) Värm ugnen till 200°C (392°F).
h) Dela den vilade degen i små portioner. Rulla varje portion till en boll.
i) Kavla ut en degboll till en tunn cirkel på mjölat underlag.
j) Lägg en rejäl mängd av ost- och örtfyllningen på ena halvan av degcirkeln.
k) Vik den andra halvan av degen över fyllningen för att skapa en halvcirkelform. Täta kanterna genom att trycka ihop dem.
l) Lägg den sammansatta Mushaltat på en bakplåt.

BAKA:
m) Pensla toppen av varje Mushaltat med smält ghee.
n) Eventuellt, strö svarta sesamfrön över toppen för garnering.
o) Grädda i den förvärmda ugnen i ca 15-20 minuter eller tills de är gyllenbruna.
p) När den är gräddad, låt Mushaltat svalna något innan servering.
q) Servera varm och njut av de härliga smakerna av Omani Mushaltat!

77.Omansk dadelkaka

INGREDIENSER:
- 2 koppar universalmjöl
- 1 dl smör, mjukat
- 1 kopp socker
- 4 ägg
- 1 kopp dadelpasta
- 1 tsk mald kardemumma
- 1 tsk bakpulver
- 1/2 kopp hackade nötter (valnötter eller mandel)

INSTRUKTIONER:
a) Värm ugnen till 350°F (175°C). Smörj och mjöla en kakform.
b) I en skål, rör ihop smör och socker tills det är ljust och fluffigt.
c) Tillsätt äggen ett i taget, vispa ordentligt efter varje tillsats.
d) Blanda i dadelmassa, mald kardemumma och hackade nötter.
e) Sikta samman mjöl och bakpulver, tillsätt sedan gradvis till smeten, blanda tills det är väl blandat.
f) Häll smeten i den förberedda kakformen.
g) Grädda i ca 40-45 minuter eller tills en tandpetare som sticks in i mitten kommer ut ren.
h) Låt kakan svalna innan den skärs upp.

78. Oman Qamar al-Din Pudding

INGREDIENSER:
- 1 kopp torkad aprikospasta (Qamar al-Din)
- 4 koppar vatten
- 1/2 kopp socker (justera efter smak)
- 1/4 kopp majsstärkelse
- 1 tsk apelsinblomvatten (valfritt)
- Hackade nötter till garnering

INSTRUKTIONER:
a) I en kastrull, lös upp aprikospastan i vatten på medelvärme.
b) Tillsätt socker och rör tills det löst sig.
c) I en separat skål, blanda majsstärkelse med en liten mängd vatten för att skapa en jämn pasta.
d) Tillsätt majsstärkelsepastan gradvis till aprikosblandningen, rör hela tiden tills den tjocknar.
e) Ta bort från värmen och rör i apelsinblomvatten om du använder.
f) Häll blandningen i serveringsfat och låt den svalna.
g) Kyl tills den stelnat.
h) Garnera med hackade nötter innan servering.

79. Kardemumma Rispudding

INGREDIENSER:
- 1 kopp basmatiris
- 4 koppar mjölk
- 1 kopp socker
- 1 tsk mald kardemumma
- 1/2 kopp russin
- Hackad mandel till garnering

INSTRUKTIONER:
a) Skölj basmatiriset och koka det tills det nästan är klart.
b) Värm mjölk och socker på medelvärme i en separat gryta, rör om tills sockret löst sig.
c) Tillsätt det delvis kokta riset i mjölkblandningen.
d) Rör ner mald kardemumma och tillsätt russin.
e) Koka på låg värme tills riset är helt genomkokt och blandningen tjocknar.
f) Ta bort från värmen och låt det svalna.
g) Kyl tills den är kall.
h) Garnera med hackad mandel innan servering.

80.Oman Luqaimat (söta dumplings)

INGREDIENSER:
- 2 koppar universalmjöl
- 1 matsked socker
- 1 tsk jäst
- 1 kopp varmt vatten
- Olja för stekning
- Sesamfrön och honung till garnering

INSTRUKTIONER:
a) Blanda mjöl, socker, jäst och varmt vatten i en skål för att bilda en slät smet. Låt den jäsa ca 1-2 timmar.
b) Hetta upp olja i en djup panna.
c) Använd en sked och släpp små delar av smeten i den heta oljan för att bilda små dumplings.
d) Stek tills de är gyllenbruna.
e) Ta bort från oljan och låt rinna av på hushållspapper.
f) Ringla över honung och strö över sesamfrön före servering.

81. Oman Rose Cookies (Qurabiya)

INGREDIENSER:
- 2 koppar mannagryn
- 1 kopp ghee, smält
- 1 kopp strösocker
- 1 tsk rosenvatten
- Hackade pistagenötter till garnering

INSTRUKTIONER:
a) Blanda mannagryn, smält ghee, strösocker och rosenvatten i en skål för att bilda en deg.
b) Forma degen till små kakor.
c) Lägg kakorna på en bakplåt.
d) Grädda i en förvärmd ugn vid 350°F (175°C) i cirka 15-20 minuter eller tills de är gyllene.
e) Garnera med hackade pistagenötter och låt dem svalna innan servering.

82. Omansk banan- och dadeltårta

INGREDIENSER:
- 1 plåt färdig smördeg
- 3 mogna bananer, skivade
- 1 dl dadlar, urkärnade och hackade
- 1/2 kopp honung
- Hackade nötter till garnering

INSTRUKTIONER:
a) Kavla ut smördegsarket och lägg det i en tårtform.
b) Lägg skivade bananer och hackade dadlar på bakelsen.
c) Ringla honung över frukterna.
d) Grädda i en förvärmd ugn på 375°F (190°C) i cirka 20-25 minuter eller tills degen är gyllene.
e) Garnera med hackade nötter innan servering.

83. Omansk saffransglass

INGREDIENSER:
- 2 koppar tung grädde
- 1 kopp kondenserad mjölk
- 1/2 kopp socker
- 1 tsk saffranstrådar, blötlagda i varmt vatten
- Hackade pistagenötter till garnering

INSTRUKTIONER:
a) Vispa grädden i en skål tills det bildas styva toppar.
b) Blanda kondenserad mjölk, socker och saffransinfunderat vatten i en separat skål.
c) Vänd försiktigt ner den kondenserade mjölkblandningen i den vispade grädden.
d) Överför blandningen till en behållare och frys i minst 4 timmar.
e) Garnera med hackade pistagenötter innan servering.

84. Oman Cream Caramel (Muhallabia)

INGREDIENSER:
- 1/2 kopp rismjöl
- 4 koppar mjölk
- 1 kopp socker
- 1 tsk rosenvatten
- 1 tsk apelsinblomvatten
- Hackade pistagenötter till garnering

INSTRUKTIONER:
a) I en kastrull, lös rismjöl i en liten mängd mjölk för att skapa en slät pasta.
b) Värm den återstående mjölken och sockret på medelvärme i en separat kastrull.
c) Tillsätt rismjölsmassan i mjölkblandningen, rör hela tiden tills blandningen tjocknar.
d) Ta av från värmen och rör ner rosenvatten och apelsinblomvatten.
e) Häll blandningen i serveringsfat och låt den svalna.
f) Kyl tills den stelnat.
g) Garnera med hackade pistagenötter innan servering.

DRYCK

85. Kashmir Kahwa

INGREDIENSER:

- 4 koppar vatten
- 4-5 gröna kardemummaskidor, krossade
- 4-5 hela nejlikor
- 1 kanelstång
- 1 tsk finriven färsk ingefära
- 2 msk grönt teblad
- En nypa saffranstrådar
- 4-5 mandlar, blancherade och skivade
- 4-5 pistagenötter, hackade
- Honung eller socker efter smak

INSTRUKTIONER:

a) Koka upp 4 koppar vatten i en kastrull.
b) Tillsätt gröna kardemummaskidor, hela kryddnejlika, kanelstång och finriven färsk ingefära i det kokande vattnet.
c) Låt kryddorna sjuda i 5-7 minuter för att få in deras smaker i vattnet.
d) Sänk värmen till låg och tillsätt gröna teblad till det kryddade vattnet.
e) Låt teet dra i ca 2-3 minuter. Var försiktig så att du inte får för brant för att undvika bitterhet.
f) Lägg till en nypa saffranstrådar till teet, så att det kan ge sin livfulla färg och subtila smak.
g) Rör ner blancherad och skivad mandel samt hackade pistagenötter.
h) Söta Kashmiri Kahwa med honung eller socker enligt dina önskemål. Rör om väl för att lösa upp.
i) Sila Kashmiri Kahwa i koppar eller små skålar för att ta bort tebladen och hela kryddorna.
j) Servera teet varmt och garnera med ytterligare nötter om så önskas.

86.Omansk Sherbat

INGREDIENSER:

- 1 liter mjölk
- 1 kopp socker
- 1/2 kopp grädde
- Några droppar Vanilla Essence
- 1 tsk skivad mandel
- 1 tsk skivade pistagenötter
- 1 msk vaniljkräm
- 1 nypa saffran

INSTRUKTIONER:

a) Koka upp mjölken i en kastrull.
b) Tillsätt socker, grädde, vaniljessens, vaniljkräm, saffran, skivad mandel och skivade pistagenötter till den kokande mjölken.
c) Koka blandningen på låg värme tills mjölken tjocknar. Rör om hela tiden så att du inte fastnar i botten.
d) Ta bort grytan från lågan och låt sorbaten svalna till rumstemperatur.
e) När den svalnat, ställ blandningen i kylen för att kyla ordentligt.
f) Oman Sherbat är nu redo att serveras.
g) Häll upp den kylda sorbaten i glas och garnera med ytterligare skivad mandel och pistagenötter om så önskas.

87.Oman Mint Lemonade (Limon w Nana)

INGREDIENSER:
- 4 citroner, saftade
- 1/2 kopp socker
- 6 dl vatten
- Färska myntablad
- Isbitar

INSTRUKTIONER:
a) Blanda citronsaft och socker i en kanna tills sockret löst sig.
b) Tillsätt vatten och rör om väl.
c) Krossa några myntablad och lägg dem i kannan.
d) Kyl i minst 1 timme.
e) Servera över isbitar, garnerade med färska myntablad.

88.Omansk sahlab

INGREDIENSER:
- 2 dl mjölk
- 2 matskedar sahlabpulver (mald orkidérot)
- 2 matskedar socker
- 1/2 tsk mald kanel
- Krossade pistagenötter till garnering

INSTRUKTIONER:
a) Värm mjölk på medelvärme i en kastrull.
b) I en liten skål, blanda sahlabpulver med lite kall mjölk för att bilda en slät pasta.
c) Tillsätt sahlabpastan och sockret till den varma mjölken, rör hela tiden tills den tjocknar.
d) Ta bort från värmen och låt det svalna.
e) Häll upp i portionsbägare, strö över malen kanel och garnera med krossade pistagenötter.

89. Oman Tamarind Juice (Tamar Hindi)

INGREDIENSER:
- 1 kopp tamarindpasta
- 4 koppar vatten
- Socker (valfritt, efter smak)
- Isbitar
- Myntablad till garnering

INSTRUKTIONER:
a) Blanda tamarindpasta med vatten i en kanna.
b) Söta med socker om så önskas.
c) Rör om väl tills tamarindpastan är helt upplöst.
d) Kyl i minst 1 timme.
e) Servera över isbitar, garnerade med myntablad.

90.Oman Rosewater Lemonade

INGREDIENSER:
- 4 citroner, saftade
- 1/4 kopp socker (justera efter smak)
- 4 koppar kallt vatten
- 1 msk rosenvatten
- Isbitar
- Färska rosenblad för garnering

INSTRUKTIONER:
a) Blanda färskpressad citronsaft och socker i en kanna.
b) Tillsätt kallt vatten och rör tills sockret lösts upp.
c) Rör ner rosenvatten.
d) Kyl i minst 1 timme.
e) Servera över isbitar och garnera med färska rosenblad.

91. Omansk Jallab

INGREDIENSER:
- 1 kopp druvmelass (dibs)
- 4 koppar vatten
- 1 msk rosenvatten
- Isbitar
- Pinjenötter och hackade pistagenötter till garnering
- Russin till servering

INSTRUKTIONER:
a) Blanda druvmelass med vatten i en kanna.
b) Tillsätt rosenvatten och rör om väl.
c) Kyl i minst 1 timme.
d) Servera över isbitar, garnerade med pinjenötter och hackade pistagenötter.
e) Tillsätt eventuellt russin till varje portion.

92.Omansk saffransmjölk (Haleeb al-Za'fran)

INGREDIENSER:

- 2 dl mjölk
- 1/4 tsk saffranstrådar, blötlagda i varmt vatten
- 2 msk honung (anpassa efter smak)
- Mald kanel till garnering

INSTRUKTIONER:

a) Värm mjölk i en kastrull tills den är varm.
b) Tillsätt saffransinfunderat vatten och honung, rör om väl.
c) Häll upp i serveringsbägare.
d) Garnera med ett strö mald kanel.
e) Servera varm.

93.Oman Banana Date Smoothie

INGREDIENSER:
- 2 mogna bananer
- 1/2 kopp dadlar, urkärnade och hackade
- 1 kopp yoghurt
- 1 dl mjölk
- Honung (valfritt, efter smak)
- Isbitar

INSTRUKTIONER:
a) I en mixer, kombinera mogna bananer, hackade dadlar, yoghurt och mjölk.
b) Mixa tills det är slätt.
c) Söta med honung om så önskas.
d) Tillsätt isbitar och blanda igen.
e) Häll upp i glas och servera kyld.

94.Omansk granatäpple Mocktail

INGREDIENSER:
- 1 kopp granatäpplejuice
- 1/2 kopp apelsinjuice
- 1/4 kopp citronsaft
- Kolsyrat vatten
- Socker (valfritt, efter smak)
- Isbitar
- Apelsinskivor till garnering

INSTRUKTIONER:
a) Blanda granatäpplejuice, apelsinjuice och citronsaft i en kanna.
b) Söta med socker om så önskas.
c) Fyll glasen med isbitar.
d) Häll juiceblandningen över isen.
e) Toppa med sodavatten.
f) Garnera med apelsinskivor.

95.Omansk saffranslemonad

INGREDIENSER:

- 4 citroner, saftade
- 1/4 tsk saffranstrådar, blötlagda i varmt vatten
- 1/2 kopp socker (justera efter smak)
- 4 koppar kallt vatten
- Isbitar
- Färska myntablad till garnering

INSTRUKTIONER:

a) I en kanna, kombinera färskpressad citronsaft, saffransinfunderat vatten och socker.
b) Tillsätt kallt vatten och rör tills sockret lösts upp.
c) Kyl i minst 1 timme.
d) Servera över isbitar och garnera med färska myntablad.

96.Omansk kanel dadelshake

INGREDIENSER:
- 1 dl dadlar, urkärnade och hackade
- 2 dl mjölk
- 1/2 tsk mald kanel
- Honung (valfritt, efter smak)
- Isbitar

INSTRUKTIONER:
a) Blanda hackade dadlar, mjölk och mald kanel i en mixer.
b) Mixa tills det är slätt.
c) Söta med honung om så önskas.
d) Tillsätt isbitar och blanda igen.
e) Häll upp i glas och servera kyld.

97.Omansk kokosnötskardemummashake

INGREDIENSER:
- 1 dl kokosmjölk
- 1 dl vanlig yoghurt
- 1/2 tsk mald kardemumma
- Socker eller honung (anpassa efter smak)
- Isbitar
- Rostade kokosflingor till garnering

INSTRUKTIONER:
a) I en mixer, kombinera kokosmjölk, vanlig yoghurt, mald kardemumma och sötningsmedel.
b) Mixa tills det är väl blandat.
c) Tillsätt isbitar och blanda igen.
d) Häll upp i glas och garnera med rostade kokosflingor.

98. Oman Minty Green Tea

INGREDIENSER:

- 2 grönt tepåsar
- 4 koppar varmt vatten
- 1/4 kopp färska myntablad
- Socker eller honung (anpassa efter smak)
- Isbitar
- Citronskivor till garnering

INSTRUKTIONER:

a) Brant gröna tepåsar i varmt vatten i ca 3-5 minuter.
b) Tillsätt färska myntablad till det varma teet.
c) Söta med socker eller honung och rör om väl.
d) Låt teet svalna och kyl sedan.
e) Servera över isbitar, garnerade med citronskivor.

99.Oman Orange Blossom Iced Tea

INGREDIENSER:
- 4 svarta tepåsar
- 4 koppar varmt vatten
- 1/4 kopp apelsinblomvatten
- Socker eller honung (anpassa efter smak)
- Isbitar
- Apelsinskivor till garnering

INSTRUKTIONER:
a) Brant svarta tepåsar i varmt vatten i ca 3-5 minuter.
b) Tillsätt apelsinblomsvatten och söta med socker eller honung.
c) Rör om väl och låt teet svalna och ställ sedan i kylen.
d) Servera över isbitar, garnerade med apelsinskivor.

100.Omansk Granatäpple Mint Cooler

INGREDIENSER:
- 1 kopp granatäpplejuice
- 1/2 kopp färska myntablad
- 1 matsked honung
- 4 koppar kallt vatten
- Isbitar
- Granatäpple till garnering

INSTRUKTIONER:
a) I en mixer, kombinera granatäpplejuice, färska myntablad och honung.
b) Mixa tills myntan är finhackad.
c) Sila av blandningen i en kanna.
d) Tillsätt kallt vatten och rör om väl.
e) Kyl i minst 1 timme.
f) Servera över isbitar och garnera med granatäpple.

SLUTSATS

När vi avslutar vår utforskning av "De rika smakerna av oman" uttrycker vi vår uppriktiga tacksamhet för att ha hängt med oss på detta kulinariska äventyr genom Sultanatets pulserande gastronomiska landskap. Vi hoppas att dessa recept inte bara har retat dina smaklökar utan också har gett en inblick i hjärtat och själen i den omanska kulturen.

Denna kokbok är mer än en sammanställning av recept; det är en hyllning till det omanska kökets äkthet och de människor som generöst har delat med sig av sitt kulinariska arv. När du njuter av de sista bitarna av dessa rätter, uppmuntrar vi dig att bära med dig omanska smaker i ditt eget kök, skapa en bro mellan kulturer och främja en uppskattning för de rika kulinariska traditionerna i detta vackra land.

Må minnena som skapas kring dessa recept vara lika bestående som de hundraåriga traditioner som inspirerade dem. Tack för att du gjorde "De rika smakerna av oman" till en del av din kulinariska resa. Tills våra vägar korsas igen i en värld av läckra upptäckter, glad matlagning och "bil hana wa shifa" (till din hälsa och lycka)!

www.ingramcontent.com/pod-product-compliance
Lightning Source LLC
Chambersburg PA
CBHW071329110526
44591CB00010B/1085